U0801997

中国三农治理的法治化路径研究

孙大伟　著

河南人民出版社

图书在版编目（CIP）数据

中国三农治理的法治化路径研究 / 孙大伟著. — 郑州：河南人民出版社，2017.4
ISBN 978-7-215-11008-3

Ⅰ. ①中… Ⅱ. ①孙… Ⅲ. ①三农问题-法治-研究-中国 Ⅳ. ①D922.44

中国版本图书馆 CIP 数据核字(2017)第 101603 号

河南人民出版社出版发行
（地址:郑州市经五路 66 号　邮政编码:450002　电话:65788066）
新华书店经销　郑州龙洋印务有限公司印刷
开本 710 毫米×1000 毫米 1/16 印张 9.75
字数 150 千字
2017 年 4 月第 1 版　2017 年 4 月第 1 次印刷
编辑邮箱 1169129189@qq.com

定价：69.00 元

目　录

摘　　要

在当今之中国，农业、农村、农民问题（简称三农问题）依然被视为关系到中国经济社会改革、发展、稳定的重大问题。对于如何解决三农问题，加强三农各项事业的有效治理已经成为中国党和政府以及专家学者们共同关注的问题。党的十八大以来，国家治理现代化和全面依法治国成为新一代领导集体领导全国人民实现中国梦的基本理念。在此背景下，农村地区和三农领域的各项事业显然不能成为国家治理的洼地，更不能成为法治的盲区，恰恰相反，三农治理已是当前国家治理的重要组成部分，而法治也已被作为三农治理的基本方略。

从中国当前的社会发展现状来看，三农问题的新变化带来了“失地农民权益保障”“农民工权益保障”“农地保护”“农业污染”“基层党组织涣散”和“恶人治村”等新的法律问题；与此同时，“农民法治意识薄弱”“涉农法律不健全”“农村基层执法司法简单粗暴”等老的法律难题依然存在，这些现实情况在客观上也要求三农治理要走向法治化道路。由此，本书的研究目标便是在国家治理现代化和全面依法治国的背景下，探求三农治理现代化以及三农法治的实现路径。

现在的问题是，现有的三农法治研究更多地关注涉农法律不健全、农村法治传统匮乏等外在因素；即使提到农民，也是把农民作为客体，作为法治领域的弱势群体，所提出的法治措施也仅仅是要保障农民权益等。实际上，关于三农法治的制度设计、法律规范、道德教化等都要通过农民起作用，因此，关于三农法治问题的探讨，还是要回到农民本身，要以农民为主体，而不是以农民为客体，不能把农民统统当成治理对象。

然而如何在广大农村地区建立“重心下移、力量下沉、保障下倾”的法治工作机制，走上三农治理的法治化路径，依然是一个重大课题。本书提出，要把农民在三农法治中的主体地位落到实处，真正发挥农民的主体作用，才有可能探求到有效的三农治理之路。为此，要在全面认识作为主体的传统农民的特点及其职业化发展趋势的基础上，一是要促进农民成长为法治人才，以便使得农民具备在三农法治中发挥主动性、积极性和创造性的能力；具体而言，通过普法教育，培养农民的法治信仰，使尊法守法成为全体农民的共同追求和自觉行动。二是要建设一支德才兼备的高素质的农村基层法治工作队伍，通过科学立法、严格执法、公正司法，维护好、发展好农民的利益，增强农民对国家法律的认同。最后，要抓住农村基层党员领导干部这个"关键少数"，从最根本上坚持党的领导，通过以上路径真正达到法治三农。

ABSTRACT

Nowadays in China, agriculture, rural areas and farmers ("Three Rural Issues" for short) are still considered important issues that influence the economic and social reform, development and stability in China. How to solve the "Three Rural Issues" and reinforce the effective governance of different work on the "Three Rural Issues" has become a common concern shared by the Chinese Communist Party and governments and experts. Since the 18th National Congress of the CPC, it has been the new generation leaders' fundamental philosophy to lead the national people to realize the Chinese dream by modernized national governance and comprehensive rule of law. Under this circumstance, all causes about the "Three Rural Issues" shouldn't become the bottomland of the national governance or the dead zone of rule of law. On the contrary, governance of the "Three Rural Issues" has become an important part of the national governance with rule of law as the basic strategy for it.

According to the current social development status in China, new changes to the "Three Rural Issues" have brought about such new legal issues as "protection of the rights and interests of farmers who have lost their land", "protection of the rights and interests of migrant workers", "protection of agricultural land", "agricultural pollution", "undisciplined primary Party organizations" and "villages under the rule of villains". At the same time, some old challenges still remain there, such as "weak legal sense of farmers", "unsound agricultural - related law" and "law enforcement and adjudication in an oversimplified and crude way among the rural grassroots". These facts objectively require that the "Three Rural Issues" should be governed by law. Therefore, the article aims to seek for the realization path of modernized governance of the "Three Rural Issues" and rule of law for them.

The problem is that the existing research on the rule of law for the "Three Rural Issues" focuses more on external factors such as the unsoundness of the agricultural-related law and the lack of rule of law in rural areas, etc. Even if farmers are mentioned, they are treated as objects and disadvantaged groups in the field of rule of law, and the measures of rule of law are just proposed to safeguard farmers' rights and interests. In fact, farmers play an important role in several aspects of governing the "Three Rural Issues" by law, such as the system design, legal norm and moral education. Therefore, when discussing the rule of law for the "Three Rural Issues", we should go back to the farmers themselves, treating farmers as the governing subjects but not objects.

However, as for how to establish a working mechanism that "focuses on, depends on and protects the grassroots" and to realize the rule of law for the "Three Rural Issues" in the vast rural areas, it is still a major task. In this article, it's put forward that it's impossible to find an effective way of governing the "Three Rural Issues" unlessfarmers are treated as the subjects. For this purpose, based on a full comprehension of the features of the traditional farmers and the development tendency of professionalism, we should first promote farmers to grow as talents of rule of law, which enables them to be initiative, positive and creative in the rule of law for the "Three Rural Issues". Specifically, we should cultivate the farmer's belief in rule of law by popularizing modern laws, making all the farmers observe the law habitually and consciously. Secondly, we should build a primary-level team of rule of law in rural areas, maintain and develop the interests of the farmers and strengthen their acknowledgement for the national laws through scientific legislation, strict enforcement and judicial justice. Lastly, we should take the Party members and leading cadres in rural areas as the key, adhering to the Party's leadership fundamentally. The ways mentioned above may lead to the complete governance of the "Three Rural Issues" according to the law.

绪　论

第一节　研究背景及意义

一、问题的提出

党的十八大以来,以习近平总书记为核心的新一代领导集体逐渐形成了“一二三四五”的执政理念和治国方略。“一”即提出一个中国梦的伟大愿景,“二”即提出“两个一百年”的奋斗目标,“三”即提出“三严三实”的治党风格,“四”即提出“四个全面”的战略方针,“五”即提出“五位一体”的发展思路。① 新的执政理念和治国方略包罗万象,但又层次分明、重点突出。其中,党的十八大之后的十八届三中、四中、六中全会均关注国家治理问题。

2013 年 11 月,党的十八届三中全会审议通过《中共中央关于全面深化改革若干重大问题的决定》,《决定》提出要“加快形成科学有效的社会治理体制,确保社会既充满活力又和谐有序”;由此提出了一个全新的执政理念——社会治理,这被认为是中国社会治理的重大转变。同时,提出“全面深化改革的总目标是完善和发展中国特色社会主义制度,推进国家治理体系和治理能力现代化”。此举吹响了国家治理现代化的号角,中国社会治理因此又一次出现了积极健康的大变革。

2014 年 10 月,党的十八届四中全会审议通过《中共中央关于全

① 学习小组:《习近平治国的“一二三四五”》,人民网,http://politics.people.com.cn/n/2015/0106/c1001-26335881.html,2015 年 1 月 6 日。

面推进依法治国若干重大问题的决定》,《决定》确定了全面推进依法治国若干重大问题,国家治理现代化走向全面法治的正确道路,同时提出“全面推进依法治国,基础在基层,工作重点在基层”。由此,全面依法治国的理念也意味着三农领域断然不是法治的洼地;恰恰相反,三农治理作为基层治理的重要组成部分,是全面依法治国方略的工作重点。

2015年10月,党的十八届五中全会审议通过《中共中央关于制定国民经济和社会发展第十三个五年规划的建议》,“十三五”规划提出了“创新、协调、绿色、开放、共享的发展理念”。所谓“协调发展”就是要“重点促进城乡区域协调发展”。2015年中央“一号文件”《中共中央国务院关于加大改革创新力度 加快农业现代化建设的若干意见》指出,农村是法治建设相对薄弱的领域,必须加快完善农业农村法律体系,同步推进城乡法治建设,善于运用法治思维和法治方式做好“三农”工作。

2016年10月,党的十八届六中全会强调指出:“各级领导干部必须深入实际、深入基层、深入群众,多到条件艰苦、情况复杂、矛盾突出的地方解决问题,千方百计为群众排忧解难。”可见,各级党和政府已经越来越清醒地认识到,社会治理的重点和难点在于基层,特别是在农村基层。因此可以预见,在以后的很长时间内,社会治理的重心将进一步下移,基层社会治理,特别是农村基层社会治理将成为国家治理体系现代化建设的重点。

建设现代法治国家是人类社会进步的普遍共识。在中国,法治也已经被作为治国理政的基本方略,其重要作用早已得到党和政府的高度肯定。现在的问题是,在国家治理现代化、全面依法治国的背景下,如何坚持全面依法治农,如何在广大农村地区建立“重心下移、力量下沉、保障下倾”的法治工作机制,如何探寻到有效的三农治理的法治化路径,是摆在党和各级政府以及专家学者面前的一项重大课题。

二、研究的意义

一是现实意义。三农问题是中国经济社会发展面临的首要问题。有学者指出，目前乡村社会面临三大挑战：信仰缺失、治理紊乱和生态失衡。① 近代以来，随着中国社会整体的现代化转型，中国农村也经历了一系列的变革，传统的“乡土中国”——数千年的价值观念和宗法体系正在加速退隐；而新型的现代化农村“徒有其表”——现代法治理念在农村亟待建立健全。在这种背景下，开展三农治理相关研究具有重要的现实意义，探求三农治理的法治化路径是形势所需，是适应社会发展的新要求。

二是理论意义。重大的现实问题需要理论研究方面的重大突破。目前关于三农治理问题的相关研究也呈现纷繁复杂的局面，其中关于三农法治的研究还需要不断拓展深入。本书在理论研究方面的意义在于，跳出了基层治理出路是应“向左看、向右看，向后看、向前看”②等争论，另辟蹊径地提出了三农法治路径“向人看”的维度，即从农民自身出发，把农民当成治理的主体，而非治理的客体来探讨三农法治的路径选择。从这个意义上讲，本书的研究在丰富三农理论、治理理论，特别是三农治理、三农法治理论成果方面提供了一些有益的补充；也将为地方政府开展具体的三农治理活动提供一定的理论指导。

第二节　国内外研究情况

一、中国三农治理研究综述

正如中国三农问题的复杂局面一样，关于中国三农治理的研究也是包括非常多的方面。有的学者关注三农治理的内容，主要分为

① 赵法生：《重建乡村的意义世界》，中国民族宗教网，http://www.mzb.com.cn/html/report/1601316816－1.htm，2016 年 1 月 17 日。

② 何建宇：《农村基层治理的出路——“向左看”“向右看”“向后看”“向前看”？》，中国乡村发现网，http://www.zgxcfx.com/sannonglunjian/84785.html，2016 年 4 月 29 日。

村民自治研究、乡村治理研究和农村社区治理研究等三大研究范畴。共和国老一辈学者辛秋水(1997)等人较早就关注村民自治研究:"村民自治是从'主民'到'民主'的一次飞跃,是中国广大农民的民主演习,是学习参政议政的学校。也可以说这是中国农民又一次新的解放,它将为我国实现社会主义民主化创造必要的基础条件。"①华中村治派代表贺雪峰(2011)等人对取消农业税后的乡村治理的行动主体、各行动主体之间的关系以及乡村治理的机制等一系列的问题进行了深入研究。② 还有学者主张农村借鉴城市社区的治理模式进行治理,项继权(2008)指出:"在人民公社时期,建立在同质性农民基础上的农村社会和社区无疑是典型的'机械团结'。……农村社区建设不仅是旨在构建与农村社区和社会的分化、开放相适应的新型社区或社会生活共同体,促进农村社区内部的融合,也是为了推进城乡之间及整个社会的一体化,实现整个社会的有机团结和社会融合。"③此外,还有温铁军(2003)等学者还尝试沿着梁漱溟、晏阳初、陶行知等的足迹,继承和发扬他们的奉献精神,通过改良现有体制机制等方式,探索新乡村建设运动。④

此外,也有学者侧重分析当下中国三农治理的发展趋势,王春光(2015)指出:"乡村社会治理沿着四条路径开展博弈性变迁:一条是国家权力的渗透、吸纳和科层化;另一条是所谓自我管理、自我决策、自我教育、自我监督的村庄自治化;还有一条是传统路径的复兴和拓展;最后一条是市场化、产业化。"⑤何建宇(2016)提出,当前社会舆论对于农村基层治理出路的争论可以概括为:"向左看""向右看""向

① 辛秋水:《村民自治与我国政治体制改革》,《福建论坛》(经济社会版),1997年第7期,第52—55页。

② 贺雪峰:《论乡村治理内卷化——以河南省K镇调查为例》,《开放时代》,2011年第2期,第86—101页。

③ 项继权:《农村社区建设:社会融合与治理转型》,《社会主义研究》,2011年第2期,第61—65页。

④ 温铁军等:《中国大陆的乡村建设》,《开放时代》,2003年第2期,第29—38页。

⑤ 王春光:《中国乡村治理结构的未来发展方向》,《人民论坛·学术前沿》,2015年第3期,第44—55页。

后看”“向前看”。“所谓‘向左看’,就是回到改革前的国家主导的合作互助体制,甚至人民公社体制。这种思潮常常以少数没有实行家庭联产承包责任制的集体化村庄为榜样,突出集体经济、集体合作的力量。所谓‘向右看’,就是强调自治空转源自于土地的集体所有,来自于政党国家对农村和农民实际控制,极端主张保护农民个人权利与自由才是农村基层善治的基础。所谓‘向后看’,就是强调回到传统乡土中国,强调宗族、乡贤、传统文化在农村治理中的基础性作用。然而,中国道路的历史经验早已经证明了这三种思潮并不能给农村基层治理提出有效的出路。寻找农村基层治理的出路,需要重新审视国家与农民关系的巨变,需要站在更广阔的历史视野当中‘向前看’。”①

关于三农法治的研究实际上属于三农问题治理模式的研究。王少杰(2004)认为:“历来都是对农民权利的剥夺而导致其贫困,进而引发‘农民真苦,农村真穷,农业真危险’的三农问题,三农问题的本质不是经济问题、社会问题,而是一个法律问题,即如何充分保障农民的权利、如何把农村纳入国家法治现代化战略的问题。……尽快制定《中华人民共和国农村发展法》,确立农村在国家发展战略中的地位,并以法律形式切实保证农村发展中的诸多权利,资源流失现象得以治理,给农村发展创造一个良好的法治环境,使这部法律成为整个涉农立法的‘基本法’,变成一部宪法性的法律。”②

穆丽霞(2008)指出,在农村地区推进法治面临的困难:“法治还不被村民们普遍的认识和信仰、乡村社会缺乏法治的文化积淀、西方式的法治资源在当今中国乡村仍非常贫乏。”针对这些困难,她指出中国农村应该选择合适的法治路径,“法治道路的选择有三种类型:第一种模式是社会推进型模式。第二种模式是政府推进型模式。第三种模式则

① 何建宇:《农村基层治理的出路——“向左看”“向右看”“向后看”“向前看”?》,中国乡村发现网,http://www.zgxcfx.com/sannonglunjian/84785.html,2016 年 4 月 29 日。

② 王少杰:《权利的贫困与“三农”问题——给予“三农”问题的法治思考》,《西北第二民族学院学报》,2004 年第 1 期,第 84—90 页。

是前两种模式的折中和调和，即政府社会互动型模式，并最终认为第三种模式应是中国乡村法治生成路径的必然选择。”即在农村推行法治，作为外来的法律要吸纳一些乡土秩序的因素，或在执法中能考虑当事人的特殊需求，增加乡民眼中法律调整的合理性，确立法律的权威也更容易。①

王怡(2013)认为：“当下中国‘三农’治理深陷困境，根本原因在于‘三农’治理理念和基本路径存在偏差。一方面，权力至上、政策至上的传统思想未能涤净；另一方面，权力至上、法律至上的现代理念未能植根农村土壤。”并指出从“政”治到“法”治是中国“三农”治理的有效路径，具体包括强化农民政治权利、完善农民经济权利、保障农民社会权利三个层面。②

武力、张强(2015)归纳总结了新民主主义革命以来中国农村治理结构的四次变革。第一次变革发生在新民主主义革命时期。这个时期，中国共产党通过土地改革、乡村基层政权和组织建设，第一次将管理权下伸到乡村基层直至家庭，形成了由党组织统一领导，遵循严格的下级服从上级、全党服从中央的制度。第二次变革发生在新中国成立初期至‘文革’时期。这个时期，通过农业合作化与人民公社，国家权力逐渐渗入私人经济领域并最终取代私人在生产和消费方面的自主权的过程。第三次变革发生在改革开放至2005年前后。这个时期，中国实施家庭承包制与市场化改革，建立了‘乡政村治’治理体系。第四次变革发生在2005年至今。随着农业税的全部取消，‘乡政村治’的弊端开始显现，党和国家出台一系列政策措施，乡村基层政府职能向服务型转变，乡村治理走向法治化。③

---

① 穆丽霞：《中国乡村法治之路反思》，《中国石油大学学报(社会科学版)》，2008年第5期，第66—70页。

② 王怡：《从“政”治到“法”治——三农治理的有效路径》，《东北农业大学学报(社会科学版)》，2013年第4期，第8—15页。

③ 武力、张强：《乡村社会治理结构的四次变革》，《国家治理》，2015年第14期，第14—25页。

二、国外相关研究

国外学者对于农村治理的研究比较综合。Edwards, Bill 等人(2001)就指出,根据英国的经验,伙伴关系成为执行农村发展政策的一项有效手段和重要机制。这一机制的重点是推进农村地区不同政府机构、私人部门以及第三部门之间的良性伙伴关系。作者基于英国农村的几个试点,考察了伙伴机制的具体实施过程,尤其是多元伙伴的协作关系是如何被建构成型。作者的一个重要发现是,国家在伙伴关系的建构中,并不是隐身退出,而是扮演发起者、规则构造者,资金提供者以及监管者都多重角色。在这一过程中,国家在伙伴关系的建立中,逐渐降低强制性手段的应用,而更多地转向借助资源分享、参与渠道等新的方法。①

Cheshire, Lynda, Vaughan Higgins and Geoffrey Lawrence 等人(2006)调查了多个国家的农村治理发展,并进行了国际维度的比较分析。其考察的范围包括,农民群体与国家之间的信任关系,私营部门与公共部门的合作,地方社区与跨国公司的互动,参与和赋权机制的效果等。作者的基本结论是:农村治理的核心是农村区域内的权力网络关系,要特别注重实现农村居民的公民权,以促进其在国家政治关系中的地位。②

Shucksmith, Mark(2010)指出,从20世纪80年代开始,兴起于欧洲的“综合农村发展”(IRD)模式,使得农村政策超越了农业产业的维度,而扩展到区域发展政策的维度。在这个模式下,欧盟不同层级的主体,包括联盟机构、成员国、区域和地方组织都可以申请到欧盟农村发展基金,以应对特定农村问题。在初期,成员国发挥更大的主导作用。在后期,则更加重视基层主体的主动性与创造性。具体的做法包括,吸引基层公众的参与,更宽的产业视角。然而,更新的农

① Edwards, Bill, et al. *Partnerships, Power, and Scale in Rural Governance. Environment and Planning C: Government and Policy*, 2001, vol. 19, No. 2, pp. 289 - 310.

② Cheshire, Lynda, Vaughan Higgins and Geoffrey Lawrence, eds. *Rural governance: international perspectives. Routledge*, 2006, Vol. 10.

村治理模式,使得国家的角色再次转换。它由服务的提供者角色,转变成为一个协调者与管理者。这样,农村公共服务的提供来源可以变得更加多元化,农村主体也有了更大的选择空间。①

国外学者也关注中国农村的治理模式。例如 Smith, Graeme (2010)对中国的乡镇政府进行了考察后指出,近些年乡镇政府的角色发生转变,从向农村基层汲取资源转型为向农村提供服务。但是,乡镇政权遭受上下两个方向的挤压,其功能呈现"空壳化"的趋势。就上级而言,乡镇承受的监管、投资与政绩考核等压力大幅增加。就向下而言,也面临计划生育、社会稳定等繁重的村级事务。更关键的是,农村居民始终被视作承载问题的群体,而不是享有一般公民的待遇。在这种背景之下,乡镇干部只能依赖强制性的手段来管理农村,甚至被长期下派到村级组织,实施日常性的监管。而作者认为这种治理机制是低效的,也造成乡镇空心化的不利后果。②

第三节　研究内容与方案

一、研究目标与研究内容

当下,法治不仅为现代国家进行有效治理提供了一种理论上的可能,同时也是现代国家开展治理实践的基本方略。在中国,随着国家治理现代化和全面依法治国的深入实施,三农治理也成为国家治理的重要组成部分。因此,无论是从治理理论的发展还是治理实践的需要上看,中国三农治理必然要走向法治化。从中国的现实情况

① Shucksmith M. *Disintegrated Rural Development? Neo - endogenous Rural Development, Planning and Place - Shaping in Diffused Power Contexts. Sociologia Ruralis*, 2009, vol. 50, No. 1, pp. 1 - 14.

② Smith G. *The Hollow State: Rural Governance in China. China Quarterly*, 2010, vol. 203, pp. 601 - 618.

来看,三农问题的新变化带来了“失地农民权益保障”“农民工权益保障”“农地保护”“农业污染”“基层党组织涣散”和“恶人治村”等新的法律问题;与此同时,“农民法治意识薄弱”“涉农法律不健全”“农村基层执法司法简单粗暴”等老的难题依然存在等现实情况,客观上也要求三农治理必然要走向法治化。由此,本书的研究目标便是在国家治理现代化和全面依法治国的背景下,探求三农治理现代化以及三农法治的实现路径。

为了探求这一路径,本书从概念、理论和实践三个层面开展相关研究。具体而言,除了绪论部分,本书的主要研究内容包括五章。第一章是概念分析。概念分析是问题研究的基础,也是把握问题实质的不二法门。本书注重从中国和西方两个空间维度以及从古代和当下两个时间维度,深入剖析治理、礼治、德治和法治等概念的内涵和外延。通过概念分析可以把握准作为研究对象的治理、法治的本质特征等,这是为后文的理论分析和实践分析打下基础、做好铺垫。

第二章是理论综述。理论是实践的先导,只有选择正确的理论作为指导,才能明确正确的研究方向,最终才能得出正确的结论。本书并根据研究需要,对善治理论、法的价值理论、中国特色社会主义法治理论进行了系统综述。国家治理现代化的最终目标就是实现善治,法治之所以能够成为现代国家治理的基本方略,根源在于法的基本价值与善治的要求是一致的。三农治理作为国家治理的一个重要组成部分,必然要坚持法治,最终目标也必然是实现三农事业的善治;特别需要指出的是,在当下中国,只有坚持有中国特色的法治理论指导,才能真正实现善治。因此,善治理论、法的价值理论和中国特色社会主义法治理论对中国三农治理、三农法治具有重要的指导意义。

第三章和是第四章属于三农治理的实践分析。不同的是,第三章是从历史的视角,对中国共产党领导下的三农治理的历史实践进行了全面的回顾和分析,其目的不外乎是希望通过回顾历史,总结三农治理中的经验和教训,以便当下正在进行的三农治理实践有效地借鉴其经验、吸取教训。第四章是从现实的视角,对中国现阶段三农治理面临的具体问题进行分析，本书认为，在现阶段的中国，既有新的三农问题带来的新的治理难题，也存在老的治理难题；新老问题交织是当下中国三农治理的突出特点。

第五章是关于中国三农治理法治化的路径分析。这属于解决问题层面的论证，在此之前的内容均属于分析问题层面的论证。本书对于中国三农治理法治化路径的探讨并不是仅仅关注体制机制制度等层面的宏大叙事，也不仅仅是因循立法执法司法普法等传统路径；而是创造性将研究的重点放到农民身上，为此，首先要促进农民成长为法治人才，以便使得农民具备在三农法治中发挥主动性、积极性和创造性的能力。其次要建设一支德才兼备的高素质的农村基层法治队伍，增强农民对国家法律的认同。

在结束语中，本书特别提出，抓住农村党员领导干部这个“关键少数”，对于全面依法治农会产生事半功倍的效果。推进三农法治建设最根本的路径在于要善于抓住农村基层党员领导干部这个关键少数。

总体上看，促进农民成长为法治人才、建设一支德才兼备的高素质的农村基层法治队伍、抓住农村基层党员领导干部这个关键少数——这三条路径的设计，遵循自下而上、逐级推进的原则，调动了广大农民群众参与三农治理的积极性，肯定了战斗在三农法治一线的法治工作队伍的中坚作用，特别还强调了领导干部在三农法治中的重要性。如果做好这三方面工作，通过以上路径有望真正达到法治三农。

二、研究方法和技术路线

(一)研究方法

三农问题、三农治理属于非常复杂的问题，涉及农村社会生产生活各个方面的内容，因此研究这些问题，需要综合运用多种研究方法。

1. 文献法。

文献法即通过搜集、整理现存的各类文献资料针对问题进行研究的方法。对于三农法治问题的研究要重视使用文献法，本书充分利用吉林大学图书馆、中国社会科学院图书馆、国家图书馆、首都图书馆等学术资源，广泛收集国内外关于三农治理、三农法治方面的相关文献。虽然文献法一般只能带来二手资料，但是这些资料都是经过论证的、相对科学的资料。根据研究需要，本书关于治理、法治、礼治、德治等概念分析，以及关于善治理论、法的价值理论、中国特色社会主义法治理论的相关研究运用了文献研究法。

2. 历史法。

历史法是一种社会科学领域常用的研究方法，它是以时间为线索，追寻事物的发生、发展规律的一种研究方法。通过历史研究的方法，可以将研究问题的产生、现状和发展趋势全面了解清楚，有助于对研究问题的分析和提出相关的意见建议。本书对历史上的中国和西方法治思想的发展、中国共产党成立以来制定实施的一系列三农治理政策措施、中国传统农民的特点以及职业化发展趋势等研究均运用了历史法。

3. 调查研究的方法。

本书结合农民个体访谈、三农专家咨询、基层“田野调查”等实证调查研究手段来发现中国三农治理的现状、存在的问题，并在此基础上分析原因，进而形成相关的理论和对策。三农领域所涉及的相关问题都是农村社会中现实存在的，因此必须到农村基层一线深入调研才能发现真问题以及了解问题的全部。本书中关于新的三农问题带来新的治理难题和三农治理中的老的治理难题的分析，就是通过实际调研获得的。

4. 多学科的研究方法。

三农法治问题本身是一个跨学科的课题，因此还必须要运用到多学科的研究方法，包括运用法学、政治学、社会学、历史学、哲学、经济学、管理学和教育学等多学科理论和方法综合进行研究。多学科的研究方法并不是将各个学科自身的研究方法简单叠加，而是从不同学科的视角共同分析中国三农治理中存在的新老问题，是各学科研究方法的有机结合。从整体上看，本书就属于交叉学科的研究，因而必然需要综合运用多学科的研究方法。

(二)技术路线及其可行性分析

本研究基于"提出问题—分析问题—解决问题"的三大步骤进行研究。绪论部分提出问题,此部分对中国三农治理的研究背景、研究意义进行介绍,对国内外已有的关于三农治理的研究进行了文献综述,为下文的问题分析做了铺垫。分析问题包括第一章、第二章、第三章和第四章的内容,分别从概念分析、理论分析和实践分析三个层面,对三农治理、三农法治等问题进行全方位、立体式的分析论证。解决问题是第五章的内容,这部分通过深入分析中国传统农民的特点和对职业农民的培育及其发展趋势,提出以农民为主体的中国三农治理法治化的路径,具体包括要促进农民成长为法治人才、建设一支德才兼备的高素质的农村基层法治队伍、抓住农村基层党员领导干部这个关键少数等三条路径。属于对策研究。如下图所示:

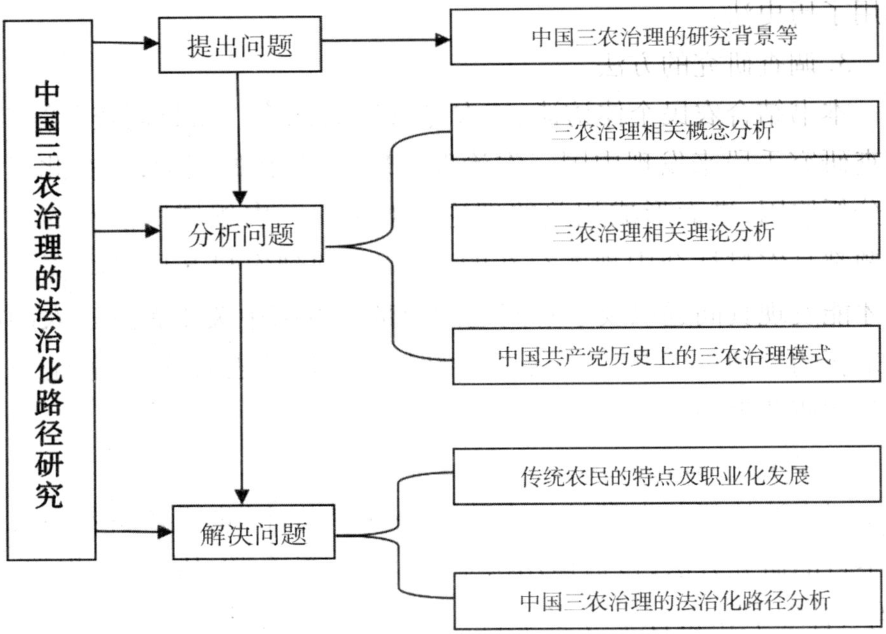

以上研究路线按照"提出问题—分析问题—解决问题"进行设计,在研究逻辑上是严谨可行的,由此可以确定本书的研究方向是正

确的。在提出问题、分析问题、解决问题的过程中坚持理论和实践相结合的原则、坚持历史与现实相结合的要求、坚持多学科综合研究的视角,因此可以认为本书选择研究的方法也是科学的。综合这两个方面来看,本书的研究路线是具有可行性、可操作性的,按照此路线认真开展研究,是可以得出正确的结论,进而达到研究目的。

第四节 创新与展望

一、创新之处

(一)研究视角的创新

针对三农治理问题,学者们虽然研究的内容、范式、方法各有不同,但是大部分学者还是会最终把目光聚焦在三农问题上,对导致问题出现的体制、机制和制度层面的研究较多;针对三农治理中遇到的问题,无论是从宏观上还是微观上开出的药方,仍是侧重于生产关系层面的改革,而对作为生产者的农民关注较少。例如,关于三农法治问题的研究,更多地关注涉农法律不健全、农村法治传统匮乏等外在因素;即使提到农民,也是把农民作为客体,作为法治领域的弱势群体,所提出的法治措施也仅仅是要保障农民权益等。实际上,"人必自治而能治之",关于三农治理制度设计、法律规范、道德教化等都要通过农民自身的发展才能发挥作用,因此,关于三农治理问题的探讨,还是要回到农民身上,因此要以农民为主体,而不是以农民为客体,把农民统统当成治理对象。这可以视为研究视角上的创新。

(二)方法论的创新

当前,在国家治理现代化、全面依法治国的背景下,坚持依法治农、法治三农,已经成为党和政府的基本理念,然而如何坚持全面依法治农,如何在广大农村地区建立"重心下移、力量下沉、保障下倾"

的法治工作机制，走上三农治理的法治路径，依然是一个难题。本书提出，要把农民在三农法治中的主体地位落到实处，真正发挥农民的主体作用，才有可能探求到有效的三农治理之路。为此，首先提出要促进农民成长为法治人才，以便使得农民具备在三农法治中发挥主动性、积极性和创造性的能力。通过普法教育，培养农民的法治信仰，使尊法守法成为全体农民的共同追求和自觉行动；其次提出要建设一支德才兼备的高素质的农村基层法治队伍，科学立法、严格执法、公正司法，维护好、发展好农民的利益，增强农民对国家法律的认同；最后提出要抓住农村基层党员领导干部这个关键少数，从最根本上坚持党的领导；通过以上路径真正达到法治三农。这可以视为方法论上的创新。

二、不足之处与展望

值得注意的是，作为针对三农问题的研究，必然是接地气的研究，因此也必然需要大量的来自农村一线的调研材料和调研数据，在这方面本书还做得很不充分。造成这个问题的原因是多方面的，首先，中国地大物博，农村地区地理范围很大，作为一个个体的研究者，特别是青年学者，很难依靠自己的力量获取到相对全面的调研材料和数据。其次，中国广大农村地区经济社会发展水平不一，各地农村问题的表现也是千差万别，因此也给实践调研带来了难度。最后，由于三农治理问题属于特别复杂的问题，涉及农村政治、经济、文化、教育等各个领域，牵扯基层政府、企事业单位、村集体以及农民等多方利益，要得到这么多领域、这么多方面的调研材料和数据在客观上也确实存在很大难度。

下一步，应选取中国具有代表性的一个或者几个村庄、乡镇等作为个案开展专项调研。通过个案研究积累相关的治理经验，并在实践中检验所提出的相关意见建议。对于经过实践检验正确的意见建议，应该作进一步的理论阐述，以便为党和政府关于三农治理相关政策法规的制定实际提供理论以及和智力支持。

第一章 概念分析

第一节 治 理

一、国外学者的研究

在西方，治理问题是在20世纪中后期才兴起的时髦话题，而且不同领域对于"治理"的理解也是莫衷一是。鲍勃·杰索普(Bob Jessop)总结了"治理"的语渊："英语中的'治理'(governance)可以追溯到古典拉丁语和古希腊语中的'操舵'一词，原意主要指控制、指导或操纵，与government的含义交叉。长期以来，governance一词专用于与"国家公务"相关的宪法或法律的执行问题，或指管理利害关系不同的多种特定机构或行业。……在德语中，'治理'(Steuerung)还有第四层含义，与系统论有联系。"①

罗兹(R. A. W. Rhodes)认为，治理至少在六种情形下被广泛使用：①作为最小国家。②作为共同治理。③作为新公共管理。④作为"善治"。⑤作为社会—控制系统。⑥作为自组织网络。②

安德鲁·海伍德(Andrew Heywood)在《政治学核心概念》一书中，认为治理是比政府统治更为宽泛的概念，泛指协调社会生活的各

① [英]鲍勃·杰索普：《治理的兴起及其失败的风险：以经济发展为例的论述》，《国家社科科学》(中文版)1999年第2期，第32页。

② R. A. W. Rhodes, "The new governance: governing without government," Political studies, 1996, Vol. 44, No. 4, pp. 652 - 667.

种方法和途径。因此，政府可以被视为包括在治理中的组织形式之一。①

詹姆斯·罗西瑙（James N. Rosenau）在其著作《没有政府的治理》一书中创造性地以“没有政府的治理”为题目，提出在政府之外存在的广阔的治理空间。罗西瑙在该著作中将“治理”定义为一系列活动领域里的管理机制，它们虽未得到正式授权，却能有效地发挥作用。相对于政府统治主要依赖正式权力和警察力量的支持来保证政策执行，治理主要由共同的目标的支持。这个目标未必出自合法的以及正式规定的职责，也不一定需要依靠强制力量迫使别人服从。因此，治理既包括政府机制，也包含非正式、非政府的机制。②

与罗西瑙的定义类似，全球治理委员会③将“治理”定义为个人与机构、公共部门与私人管理其共同事务的诸多方式的总和。它是一个持续不断的过程。治理是使对立的或各异的利益彼此适应，采取合作的行动的持续过程。它既包括有权迫使人们服从的正式制度和规则，也包括各种人们同意或以为符合其利益的非正式的安排。④阿里·卡赞西吉尔将这种宽泛的治理概念，总结为促进国家与社会间互动，促成各种社会代理者如公共治理部门、私人公司、半公共机构、游说团体、咨询人、公民和消费者协会之间的一种协作方式，从而更有效地制定政策。⑤

世界银行的定义更加强调对公共部门的要求，将“治理”定义为“为谋求发展而在对国家经济和社会资源进行管理的过程中权力行

① ［英］安德鲁·海伍德著，吴勇译：《政治学核心概念》，天津人民出版社 2008 年版，第 22 页。

② ［美］詹姆斯·N·罗西瑙主编，张胜军、刘小林译：《没有政府的治理》，江西人民出版社 2001 年版，第 5 页。

③ 全球治理委员会成立于 1992 年，是联合国下属的一个委员会，其宗旨为加强全球合作、保障全球安全、谋求可持续发展和拓展民主。

④ *Commission on Global Governance*, 1995, *Our Global Neighborhood*, Oxford: Oxford University Press, p. 2.

⑤ ［法］阿里·卡赞西吉尔：《治理和科学：治理社会与生产知识的市场式模式》，俞可平主编：《治理与善治》，社会科学文献出版社 2000 年版，第 130 页。

使的方式”。[①] 联合国开发计划署(UNDP)等机构对“治理”的定义超出了国家权力的运用,认为“治理”是运用政治、经济、行政管理等方面的权力或权威来管理一个国家的资源和事务。“治理”由机制、过程和制度构成,公民和群体通过治理来表达他们的利益、行使他们的合法权利、尽到他们的义务并包容他们之间的差异。[②]

虽然关于“治理”涵义的理解存在分歧,但是“治理”概念的提出,却从总体上反映了西方学者们试图用一种新的方式描述正在变化中的政治现实的努力。治理的广泛使用,表明政治领域正在发生变革,政府和统治的意义在发生变化,原有规则的条件和管制社会的方法正在更新。这一变化的核心是非政府机制参与社会管理。

二、国内学者的研究

在国内学界层面,俞可平是长期研究治理问题的著名学者,他在全面整理国外学者关于治理概念、治理理论的基础上提出:“治理一词的基本含义是指官方的或民间的公共管理组织在一个既定的范围内共同权威维持秩序,满足公众的需要。治理的目的是在各种不同的制度关系中运用权力去引导、控制和规范公民的各种活动和公共管理过程,它包括必要的公共权威、管理规则、治理机制和治理方式。”[③]他进一步指出:“纵观1978—2008年中国治理变革的轨迹,我们可以看到这样一条清晰的路线图:从一元治理到多元治理、从集权到分权、从人治到法治、从管制政府到服务政府、从党内民主到社会民主。”[④]“从1978—2008年政府治理的演变来看,以下这些领域逐渐成为中国(国家)治理改革的重点内容:生态平衡、社会公正、公共服务、社会和谐、官员廉洁、政府创新、党内民主和基层民主”。[⑤]

---

① *Governance and Development*, *The World Bank*, 1992, p.1.

② *Good Governance*: *Guiding Principles for Implementation*, AusAID, *Australian Government Overseas Aid Programme*, August 2000; also UNDP, Reconceptualising governance, discussion Paper 2, New York, 1997, p.9.

③ 俞可平:《论国家治理现代化》,社会科学文献出版社2014年版,第21页。

④ 俞可平:《论国家治理现代化》,社会科学文献出版社2014年版,第80页。

⑤ 俞可平:《论国家治理现代化》,社会科学文献出版社2014年版,第90页。

(一)中国国家治理的特点

在西方,关于治理的研究重点是微观或者中观的社区治理或者城市治理等,比较少的关注一个国家如何治理。将"国家"和"治理",或者直接将"政府"和"治理"放在一起是具有中国特色的一种创新。

2013 年 11 月 12 日,中国共产党第十八届中央委员会第三次全体会议通过《中共中央关于全面深化改革若干重大问题的决定》,《决定》提出全面深化改革的总目标是完善和发展中国特色社会主义制度,推进国家治理体系和治理能力现代化。由此关于治理的研究成为政府和学界共同关注的新的热点议题。

在党中央层面,2014 年 2 月 17 日,习近平总书记在省部级主要领导干部学习贯彻十八届三中全会精神全面深化改革专题研讨班开班式上强调指出:"国家治理体系和治理能力是一个国家的制度和制度执行能力的集中体现,两者相辅相成。""一个国家选择什么样的治理体系,是由这个国家的历史传承、文化传统、经济社会发展水平决定的,是由这个国家的人民决定的。我国今天的国家治理体系,是在我国历史传承、文化传统、经济社会发展的基础上长期发展、渐进改进、内生性演化的结果。"2014 年 3 月 5 日,习近平总书记在参加十二届全国人大二次会议上海代表团审议时强调指出,"治理"与"管理"一字之差,体现的是系统治理、依法治理、源头治理、综合施策。随后,在《国民经济和社会发展第十三个五年规划纲要》中,先后 104 次提到"治理"一词,包括全球治理、社会治理、城市治理、农村治理、环境治理、网络治理、食品药品安全治理和依法治理等诸多方面。

关于目前中国国家治理的特点,众多学者从不同角度进行了全面总结。俞可平(2014)提出,由于以下五个特征,使得中国的治理模式明显区别于西方的治理模式:"一是基于路径依赖(path dependence)的增量改革道路。增量改革的实质是在不损害或者剥夺人们已有利益的前提下,最大限度地增加新的利益总量,使人们在改革中获得更多的好处。二是以党组织为主导的多元治理结构。中国的治理主体已经多元化,但是在所有治理主体中,最重要的是中国共产党的各级组织。三是条块结合的治理格局。‘条’的特征是上下垂直管理，‘块’的特征是平行管理，‘条’与‘块’的结合，构成了中国公共权力的错综复杂的‘矩阵结构’。四是稳定压倒一切的核心价值。维护社会的稳定和秩序，是所有公共治理活动的重要价值和目标。五是法治与人治同时起着重要作用的治理方式。正确处理好人治与法治的关系是达到理想治理状态的重要环节。”①

祁凡骅(2015)撰文指出:“2014年作为国家治理现代化元年，国家治理呈现六个典型的特征:一是描绘了国家治理现代化的宏伟蓝图。二是对中央决策机制进行了顶层设计。三是通过强力反腐，消融改革坚冰，树立政治新权威。四是绘就了国家治理现代化的法治路径。五是通过实施‘权力清单’制度，推进权力下放，释放经济活力。六是改革不平等的制度安排，提升社会公平。”②

龚维斌(2015)总结了2015年国家治理的五个新的特点:“一是在简政放权中推进社会治理体制创新。二是在重心下移中强化基层社会治理。三是在社会组织改革中激发社会发展活力。四是在信息化建设中统筹现实社会和虚拟社会的治理。五是在构建公共安全体系中防范和化解各类风险隐患。”③

范文(2016)总结了党的十八大以来治国理政十个理论创新:“一是提出‘中国梦’的重要理念，为当代中国的发展进步指明了奋斗目标。二是提出‘新常态’的理念，阐明了中国经济发展的阶段性特征。三是提出了‘四个全面’的新论述，阐述了新时期的战略布局。四是提出‘推进国家治理体系与国家治理能力现代化’新命题，发展了马克思主义的国家学说。五是提出有关社会主义协商民主的一些新思想，发展了中国特色社会主义民主政治。六是提出‘全面推进依法治

① 俞可平:《论国家治理现代化》，社会科学文献出版社2014年版，第109—112页。

② 祁凡骅:《国家治理现代化元年的变革逻辑解读》，《国家治理研究》，2015年第1期，第1—37页。

③ 龚维斌:《二〇一五年社会治理的变迁和进步》，《光明日报》2015年12月28日第14版。

国,总目标是建设中国特色社会主义法治体系,建设社会主义法治国家'的新战略。七是提出'深化行政体制改革加快政府职能转变'的新理念。八是提出坚持'六个坚持',为如期实现全面建成小康社会奋斗目标,推动经济社会持续健康发展提供了基本遵循。九是提出'人类命运共同体'、'推动全球治理体制向着更加公正合理方向发展'等新论断,为中国外交战略提供了一些新思想。十是提出'关键在党、关键在人',对全面从严治党及强化权力运行制约和监督体系提出一系列新举措。"①

(二)国家治理与法治

《中共中央关于全面推进依法治国若干重大问题的决定》开宗明义指出:"依法治国是坚持和发展中国特色社会主义的本质要求和重要保障"。这表明在当今之中国,法治的价值正当性已经得到我们党的高度认可并践行,是国家治理的基本方略。

将法治作为国家治理的基本方略是实现中国社会稳定与发展的现实需要。这是因为,从宏观上看,正如《中共中央关于全面推进依法治国若干重大问题的决定》所指出:"我国正处于社会主义初级阶段,全面建成小康社会进入决定性阶段,改革进入攻坚期和深水区,国际形势复杂多变,我们党面对的改革发展稳定任务之重前所未有、矛盾风险挑战之多前所未有。"因此,只有更好地发挥法治的引领和规范作用,才能使"我们党面对新形势新任务,更好地统筹国内国际两个大局,维护和运用发展的重要战略机遇期,统筹社会力量、平衡社会利益、调节社会关系、规范社会行为,使我国社会在深刻变革中既生机勃勃又井然有序,实现经济发展、政治清明、文化昌盛、社会公正、生态良好,实现和平发展的战略目标"。从微观层面分析,"传统的管理思维和方式落后于中国社会发展实际需要"。② 新中国成立以后相当长的时间里,党和政府是以命令与服从的思维方式管理国家

① 范文:《党的十八大以来治国理政十个理论创新》,人民网—理论频道,http://theory.people.com.cn/n1/2016/0223/c148980-28142782.html。

② 胡锦光:《中国为什么必须依法治国》,《理论与改革》,2014 年第 6 期,第 5 页。

和社会事务，随着改革开放的深入推进，命令与服从的思维方式的社会基础不复存在，导致这一思维和方式在今天的中国越来越不能奏效。改革开放以后的中国社会利益多元化趋势不断加深："在利益多元化的社会背景下，调节多元利益之间的关系的机制只能是宪法法律……因为宪法法律是多元利益之间的平衡器。唯此才能妥善调整多元利益质检的关系，减少社会矛盾和纠纷。"①

将法治作为国家治理的基本方略也是深刻总结新中国经济社会发展历程的历史经验。习近平总书记在《关于〈中共中央关于全面推进依法治国若干重大问题的决定〉的说明》中指出："我们党自改革开放以来，我们党一贯高度重视法治。1978 年 12 月，邓小平同志就指出：'应该集中力量制定刑法、民法、诉讼法和其他各种必要的法律，例如工厂法、人民公社法、森林法、草原法、环境保护法、劳动法、外国人投资法等等，经过一定的民主程序讨论通过，并且加强检察机关和司法机关，做到有法可依，有法必依，执法必严，违法必究。'党的十五大提出依法治国、建设社会主义法治国家，强调依法治国是党领导人民治理国家的基本方略，是发展社会主义市场经济的客观需要，是社会文明进步的重要标志，是国家长治久安的重要保障。党的十六大提出，发展社会主义民主政治，最根本的是要把坚持党的领导、人民当家做主和依法治国有机统一起来。党的十七大提出，依法治国是社会主义民主政治的基本要求，强调要全面落实依法治国基本方略，加快建设社会主义法治国家。党的十八大强调，要更加注重发挥法治在国家治理和社会管理中的重要作用。"党的十八届四中全会通过的《中共中央关于全面推进依法治国若干重大问题的决定》中也特别指出，深刻总结长期以来特别是党的十一届三中全会以来，我国社会主义法治建设的成功经验和深刻教训，只有加强法治，加强民主制度化、法律化，坚持把依法治国作为当代领导人民治理国家的基本方略，把依法执政作为党治国理政的基本方式，才能保障人民民主。

---

① 胡锦光：《中国为什么必须依法治国》，《理论与改革》，2014 年第 6 期，第 5 页。

（三）国家治理现代化与善治

2014年2月17日，习近平总书记在省部级主要领导干部学习贯彻十八届三中全会精神全面深化改革专题研讨班开班式上指出："推进国家治理体系和治理能力现代化，必须完整理解和把握全面深化改革的总目标，这是两句话组成的一个整体，即完善和发展中国特色社会主义制度、推进国家治理体系和治理能力现代化。我们的方向就是中国特色社会主义道路。"

关于国家治理现代化，有研究指出，从我们党对于现代化的认识看来，国家治理现代化属于第五个现代化，系党的第三代表述："第一代表述是20世纪80年代的四个现代化，包括工业、农业、科技和国防的现代化，实际上可以称为'经济现代化'。进入20世纪90年代，党对现代化的认识不断走向深入，出现了'第二代'的'四个现代化'表述，也许可以称之为'社会现代化'，这里的社会是指大社会，其中既包括狭义的社会现代化，又包括经济现代化、文化现代化和生态环境现代化。……现在所讲的'国家治理现代化'应是'第三代表述'，属于'政治现代化'的范畴，是谓'第五个现代化'启程。"①

中国第五个现代化——国家治理现代化的最终目标是善治。胡鞍钢（2014）分析认为："一个国家的现代化过程中，包括两个最主要的方面：一方面是国家建设现代化，在二十世纪主要是指农业现代化、工业现代化、科学技术现代化，党的十八大进一步将其发展为'五位一体'的社会主义总布局，即经济现代化、政治现代化、社会现代化、文化现代化、生态文明现代化。另一方面是社会主义国家制度现代化，即实现国家基本制度现代化，并实施'良（善）治'（Good Governance），确保国家利益最大化，全体人民福利最大化。"②俞可平（2014）也提出，中国治理改革的最终目标是实现善治，并指出善治的基本要

① 人民论坛编：《大国治理——国家治理体系和治理能力现代化》，中国经济出版社，2014年，第12页。

② 胡鞍钢：《如何理解全面深化改革的总目标》，载人民论坛编：《大国治理——国家治理体系和治理能力现代化》，中国经济出版社2014年版，第4页。

素有以下十个:“①合法性(legitimacy)指的是社会秩序和权威被自觉认可和服从的性质和状态。②法治(rule of law)指的是法律是公共政治管理的最高准则,任何政府官员和公民都必须依法行事,在法律面前人人平等。③透明性(transparency)指的是政治信息的公开性。④责任性(accountability)指的是人们应当对其自己的行为负责。⑤回应(responsiveness)指的是公共管理人员和管理机构必须对公民的要求做出及时的和负责任的反应,不得无故拖延或者没有下文。⑥有效(effectiveness)指的是管理的效率,一是管理机构设置合理,管理程序科学,管理活动灵活;二是最大限度降低管理成本。⑦参与(civic participation/engagement)首先指公民的政治参与,还包括公民对其他社会生活的参与。⑧稳定(stability)指的是国内的和平、生活的有序、居民的安全、公民的团结、公共政策的连贯等。⑨廉洁(cleanness)指的是政府官员奉公守法,清明廉洁,不以权谋私,公职人员不以自己的职权寻租。⑩公正(justice)指的是不同性别、阶层、种族、文化程度、宗教和政治信仰在公民的政治权利和经济权利上的平等。”[①]

而良法善治正是法治的根本属性。法治是良法之治,可以追溯到亚里士多德所在的古希腊时代,亚里士多德关于什么是法治的论断,现在在中国法学界已经耳熟能详,即“法治应包括两重意义:已成立的法律获得普遍的服从,而大家服从的法律又本身制定得良好的法律”。[②] 王利明(2015)认为:“良法是法治之前提。所谓良法是指符合法律的内容、形式和价值的内在性质、特点和规律性的法律……具体而言,良法至少应当符合以下标准:一是反映人民的意志和根本利益,二是反映公平正义等价值追求,三是符合社会发展规律,四是要反映国情、社情、民情,五是具备科学、合理的体系,六是符合法定程序,具备程序正当性。”[③]张志铭、徐媛媛(2015)认为:“良法,从价

① 俞可平:《论国家治理现代化》,社会科学文献出版社 2014 年版,第 27—30 页。

② [古希腊]亚里士多德著,吴寿彭译:《政治学》,商务印书馆 1965 年版,第 199 页。

③ 王利明:《法治:良法与善治》,《中国人民大学学报》,2015 年第 2 期,第 114—120 页。

值取向上而言，法律应当是保障人权的，应当是肯定自由、平等的，不能违背人类社会基本的价值理念。”①

第二节　礼治和德治

在中国古代社会，“礼治思想是意识形态的最高准则，德治思想是封建社会的执政纲领。‘立政以礼’是封建君主制必须坚持的基本原则，‘为政以德’则是基本原则的思想路线，而教化是礼治和德治的具体实践。”②礼治和德治相辅相成，形成了不可分割的整体，不仅成为统治者治国之道，也成为普通中国人的处世之道，构成中华文化的底色。

一、礼治和德治的渊源与发展

（一）礼治的渊源与发展

一般认为，中国古代的“礼”起源于氏族社会末期的祭祀仪式；从西周开始，礼治正式上升为治国方略。这是因为，中国古代社会发展到殷商时期，经济水平较之原始社会有了很大的提高，进入了青铜器文明的鼎盛时期。但到了商代末年，奴隶主统治阶层大兴酒池、肉林、过着腐化堕落的生活，加上商纣王迷信鬼神、残暴不仁，最终导致武王伐纣，殷商顷刻覆灭。作为殷商的掘墓人，周朝的奴隶主阶层当然非常清楚殷商亡国的教训在哪里。因此，周公在吸取殷商亡国的教训基础上“制礼作乐”，目的是要“纳上下于道德，而合天子、诸侯、卿大夫、士、庶民以成一道德之团体”③。

---

① 张志铭、徐媛媛：《法治共识与法治中国》，《石河子大学学报》（哲学社会科学版），2015 年第 1 期，第 74 页。

② 丁万明：《<资治通鉴>中的礼治与德治思想》，《河北师范大学学报》（哲学社会科学版），2010 年第 2 期，第 121 页。

③ 王国维：《观堂集林》卷十《史林二》，中华书局 1959 年版，第 451 – 480 页。

《周礼》六篇涵盖了官制、教育、祭祀、军事、刑罚等方面的制度，加上后来中央集权政权衍生出来的户籍征税，构成了一个政府需要管理的全部内容。中国奴隶社会、封建社会统治者均主张根据"礼"的原则治理国家。因此，中国最初的"礼"具有道德和法律的双重性质，分别从内在和外在两方面，规范着人们社会生产和生活的秩序。可见，传统意义上的"礼"，并不等同于今天的道德礼仪，而是从等级制度发展而来的一系列国家典章制度的总称。同时，古代的"礼"与"法"密切关联，违背礼仪，都要受到一定惩罚。现代社会的礼貌、礼节，往往不具备强制性，成为辅助国家治理的重要组成部分。

周礼到了春秋战国时期，一度"礼崩乐坏"，诸子百家对于何为"礼"呈争鸣之势。其中，儒家创始人孔子提出"仁"的概念，以仁释礼，将礼的强制规定与仁的自我要求融为一体。从而使周礼具备了新的思想内涵，获得了新的生机。后秦汉大一统，独尊儒术导致儒法合流、礼法合一，周礼的"尊尊"、"亲亲"和"男女有别"等原则也演变为"君为臣纲，父为子纲，夫为妻纲"的"三纲"，并逐步经典化，成为指导整个传统社会立法、司法的礼教。

（二）德治的渊源与发展

中国古代也很早就有德治的传统，甚至可以追溯到尧舜禹时代。最早成书于周代的《尚书》中提出了"以德配天"等关于德治的记载。例如，"克明俊德，以亲九族；九族既睦，平章百姓；百姓昭明，协和万邦"。[①] "德惟善政，政在养民。"[②]"允迪厥德，谟明弼谐。"[③]

在周初，"周公分析殷人亡国的根本原因，是'不敬其德'，对道德没有敬意，所以肆无忌惮，为所欲为，最终灭亡。因此，要想长治久安，就必须'明德'、'敬德'，昌明道德对于个人和社会的价值，对道德保持敬畏之心，否则就会重蹈殷亡的覆辙。德政的重要体现是爱民，民为邦本，执政者不仅要像保护'赤子（婴儿）'那样，尽心尽力地爱护

① 《尚书·尧典》，《十三经注疏》，阮元主编，中华书局 1982 年版，第 215 页。

② 《尚书·大禹谟》，《十三经注疏》，阮元主编，中华书局 1982 年版，第 156 页。

③ 《尚书·皋陶谟》，《十三经注疏》，阮元主编，中华书局 1982 年版，第 152 页。

民众、保护民众，还负有教育民众的责任，让他们养成文化自觉，懂得自律，成为德性充盈的君子。”①因此，周代“制礼作乐”，首先就是强调和重视道德的作用，要做到“敬德保民”。

其次，周代的德治思想强调“明德慎罚”。“提倡德治并不是不要法律，不要刑罚，而是强调要积极实施教化，先教后罚，以刑辅德，不专以刑杀立威。‘明德慎罚’将道德教化与刑罚措施糅合，奠定了中国古代治国的基本理念”。② 这实际上体现出，中国传统文化从本源上就是重视道德教化。

随后，德治思想在后世封建社会的发展主要集中在三个时期：“第一个时期发生在战国到西汉前期。沿着孔子的思路，孟子提出在统一天下的过程中要‘以德服人’。西汉贾谊提出‘治以道德为上’的观点。第二个时期发生在唐朝前期。唐太宗与群臣注重发挥道德教化的作用和法律的制约作用。第三个时期是宋代理学形成阶段，其德治思想深深打上了理学的烙印。理学诸子一是开创‘三纲八目’的治国模式。三纲为明德、亲民（朱熹释作‘新民’）、止于至善；八目为格物、致知、诚意、正心、修身、齐家、治国、平天下。二是提倡教化，整肃人心。”③由此可见，德治思想在中国传统社会具有非常深厚的生长土壤，已经深入人心，影响到了中国人的生活方式。

二、礼治和德治的内涵

从礼治和德治的渊源和发展来看，可以知道，礼治和德治的内涵随着时代的发展不断丰富，但是无论怎么丰富发展，二者在本质上是一体的、内涵是相通的。最初，中国古代社会的礼治脱胎于周公“制礼作乐”。周公“制礼作乐”实际上是一个带领中国人信仰祛魅的过程。“周公引领社会从‘尊神’转变为‘尊礼’，把命运掌握在自己手里，人能享有多大的福、禄、寿，取决于自己的德行。社会由此从鬼神

① 彭林：《周公“制礼作乐”与当今的道德建设》，《光明日报》2015 年 10 月 17 日第 6 版。

② 周国林：《中国的“德治”传统》，《光明日报》2015 年 4 月 13 日第 16 版。

③ 周国林：《中国的“德治”传统》，《光明日报》2015 年 4 月 13 日第 16 版。

的阴影下解放出来，开始进入民本主义时代，这在中国思想史上，是极具革命意义的伟大进步。”[①]因此，礼治和德治从产生上就是互为表里的，本质上都是用以维持社会秩序的治国方略。可见，礼治和德治首先与治国密不可分。

随着社会的发展，周礼经孔子“以仁释礼”以及后世的阐发和弘扬，由周礼发展而来的礼治和德治思想也进一步深入到人们的日常生活中，礼治和德治逐渐发展成为规范个人修养、人际交往的法则，成为普通中国人为人处世之道。“礼治精华源自于中国人对人与人、人与社会关系的理解，源自于中华民族对治国理政的深刻领悟。千百年来，礼治不断适应历史的变迁，在社会发展中汲取营养、丰富内涵，中国也总是以礼仪之邦的形象展现在世人面前，‘仁、义、礼、智、信’从来都是中国人秉持的道德标准。”[②]

进一步讲，礼治和德治的作用在教化，从追求人的内心的道德自觉，达到国家的大治。“礼的作用不仅在于提供给人们一些行为规范以维持社会秩序，更在于通过这些外部的规范来起到教化的作用，启发和涵养人们内在的理性自觉，培育人们的道德心，从而提高人的道德素养和道德境界。当道德境界提升到一定高度后，人们的行为就会由礼的外在约束进为内在的道德自觉，由他律进为自律，用现在的话来说，就是由‘要我如何’进为‘我要如何’。”[③]

三、礼治和德治的当代意义

随着封建制度在中国的土崩瓦解，中国传统社会奉为圭臬的事物、制度和思想都被一并抛弃，其中就包括礼治和德治思想。但是在今天，当我们全面分析礼治和德治思想的渊源、发展以及其本质、内涵时，便会发现礼治和德治思想是中华文明重要组成部分，在潜移默化中规范着中国人的思想和行为。

---

① 彭林：《周公“制礼作乐”与当今的道德建设》，《光明日报》2015 年 10 月 17 日第 6 版。

② 李红权、李忠军：《法治精神与礼治精华》，《光明日报》2014 年 12 月 14 日第 7 版。

③ 白奚：《礼治、法治与人治》，《哲学动态》，1998 年第 4 期，第 21 – 22 页。

正确理解吸收、继承发扬礼治和德治思想的精华有助于中国特色社会主义法治建设。在全面依法治国的当下中国,必须走中国特色社会主义法治道路,这就要求必须吸收中国传统礼治和德治思想的精华,而不是一味照搬西方。“今天,礼治精华与社会主义道德融会贯通,具有了新的时代蕴意。……法律是制度化的道德映像,失去道德基础的法律便没有了灵魂;道德需要法律的刚性约束,没有法律作为保障的道德也是苍白无力的。没有法治精神的滋养,礼治精华会归于腐朽;离开礼治精华的浸润,法治精神又易于干涸。凭借礼治,深藏于人们内心之中的美丑、善恶方能测度,国家的治理也才有针对性;凭借法治,全社会所期待的公平与正义才能彰显,国家的治理才有实效性。由此可见,法治精神与礼治精华相互依存,具有内在的统一性。”[①]由此可见,继承和发扬中国传统礼治和德治思想的精华,有助于规避现代法律万能主义的片面性,是建设中国特色社会主义法治的必然要求,也是国家治理体系和治理能力现代化的必要途径。

正确理解吸收、继承发扬礼治和德治思想的精华还对建设现代中国人的精神家园有重大促进作用。“要使社会主义道德、理想、信仰、情操体系乃至整个社会价值体系、人生价值体系深入人心,变成人们日常生活准则,在今日之中国,同样决不能忽视礼治。”[②]要使得人们认识到,党的十八大提出倡导的“富强、民主、文明、和谐,自由、平等、公正、法治,爱国、敬业、诚信、友善”的社会主义核心价值观实际上是在中国传统礼治和德治思想的精华基础上的创新和发展,而不是另起炉灶、凭空臆造。由此这般,必将有利于社会主义核心价值观的培育和深入传播,有利于促进现代中国人的精神家园的建设。

① 李红权、李忠军:《法治精神与礼治精华》,《光明日报》2014 年 12 月 14 日第 7 版。

② 姜义华:《论“礼治”的当代意义》,《红旗文稿》,2014 年第 20 期,第 27 页。

第三节 法 治

一般认为,“关于法治的定义方案常见有两种:狭义的法治概念,以现代西方法治为法治的标准定义,将此外的治理类型都归结为人治(含德治、礼治、术治、势治等多种表现形式);广义的法治概念,凡以法为治者——无论依法而治、以法而治或经法而治——皆为法治,因此西方法治、中国儒家法治、法家法治都是法治的具体类型”。① 这是从法治的价值诉求角度进行的分类。

狭义的法治是一个被价值化的概念,即所谓法治一定是与自由、平等、民主等西方启蒙价值捆绑在一起的,否则就是人治。因而,狭义法治属于实质意义上的法治概念。“所谓实质意义的法治观,即以西方国家为参照,将法治与宪政、民主、人权、自由等结合起来认识法治。”②狭义法治的主要表现形式是西方现代法治。西方现代法治是西方近现代以来封建贵族、新兴资产阶级针对专制主义不断斗争而取得的成果。

而广义的法治是一个去价值化的概念,即法治可以表现为很多种具体类型,并不必然与某些道德价值体系相互绑定。因而广义法治属于形式意义上的法治概念。“形式主义法治观的基本观点是,法治就是依法治国,重视法律的作用;至于所依之法如何形成,或法的目的为何,则不予深究。”③广义法治强调在不同的文化背景下,法治具有不同的面相,广义的法治概念可以囊括中国法治和西方法治,也

① 刘杨:《法治的概念策略》,《法学研究》,2012 年第 6 期,第 30 页。

② 马作武、李平龙:《中国近代法治理论的形成及演变》,《中山大学法律评论》,2010 年第 1 期,第 42 页。

③ 马作武、李平龙:《中国近代法治理论的形成及演变》,《中山大学法律评论》,2010 年第 1 期,第 40 页。

可以把传统法治模式和现代法治模式笼而统之;因而广义法治吸收中西方传统文化的优秀成分,同时也有利于避免过分强调现代法治而带来的局限性。

一、西方法治思想的历史发展

西方国家对于法治理论有着悠久的探索和实践历史,因此,若想对法治理论进行探究,自然也离不开对于西方法治理论和其思想渊源的研究。

(一)古希腊时代的西方法治思想

虽然对于现今影响较大的法治理论主要产生于近现代,但是,这些理论的思想渊源却可以追溯至古希腊罗马时代。

1. 梭伦改革。

梭伦在公元前594年就任执政官,由于当时平民与贵族的矛盾不断激化,为缓解平民与贵族之间的矛盾,梭伦以"调停人"的身份出现,展开了改革。按梭伦自己的话说:"我拿着一只大盾,保护两方,不让任何一方不公正地占据优势。"[①]梭伦改革主要包括:颁布"解负令",废除债务奴隶,废除贵族世袭垄断,以财产将雅典公民划分为四个阶级,开放公民大会,改革政治机构,制定新法律等等。应当承认,梭伦的改革确实体现了雅典城邦制的法治精神,例如,梭伦将法律予以公布,并让公民进行监督,既体现了守法原则,也体现了监督制约的原则。梭伦开放公民大会,改革政治机构等举措,既可以看出古雅典采取直接民主制,主权在民,也可以看出古雅典政治制度下对平等、公正的崇尚。因此,虽然梭伦的改革有其局限,但他的一系列改革措施在整个西方法治史上仍旧有着重要的地位和影响。

2. 柏拉图和亚里士多德的法治思想。

柏拉图在《法律篇》中提出的法制意在具有永恒性。他们表达的

---

① [古希腊]亚里士多德,日知译:《雅典政制》,生活·读书·新知三联书店1957年版,第14页。转引自侯献瑞:《论古代雅典的民主政治》,《中南民族学院学报》(哲学社会科学版),1994年第3期,第76页。

对法治的忠诚是为了实现其稳定性和约束力。柏拉图坚持认为政府应该受法律约束:“如果一个国家的法律处于从属地位,没有权威,我敢说,这个国家一定要覆灭;然而,我们认为一个国家的法律如果在官吏之上,而这些官吏服从法律,这个国家就会获得诸神的保佑和赐福。”[①]柏拉图在《理想国》一书中集中讨论了“什么是正义”。在柏拉图看来,人之所以要组成城邦国家,唯一的理由就是因为每个人单靠自己是不可能达到自足的,因此城邦可以被看成是一个相互需要的体系,一种保障人人都过上幸福生活的制度。因此,在这个城邦中需要安排出一系列“正义”的制度,柏拉图也因此开始了对城邦正义的追求。[②] 柏拉图认为,正义既要求每个人各司其职,也是一种和谐的秩序。柏拉图的正义观虽然也有其局限性,[③]但是这种正义观无疑成为了古希腊法治理论的思想渊源。

柏拉图认为,最好的统治是由“哲学王”进行的统治,亚里士多德则认为,人性是不可信的,“法治应当优于一人之治”。[④] “单独一人就容易因愤懑或其他任何相似的感情而失去平衡,终致损伤了他的判断力;但全体人民总不会同时发怒,同时错断。”因此,“谁说应该由法律遂行其统治,这就有如说,唯独神祇和理智可以行使统治;至于谁说应该让一个个人来统治,这就在政治中混入了兽性的因素,虽最好的人们(贤良)也未免有热忱,这就往往在执政的时候引起偏向。法律恰恰正是免除一切情欲影响的神祇和理智的体现”。[⑤] 同时,亚里士多德认为,法律应当在社会中具有最高的权威,所有人都应当受到法律的约束,这样才可以防止人被感情、甚至冲动所支配,民主制度才可以不走向民主暴政。

---

① [古希腊]柏拉图:《法律篇》,《西方法律思想史资料选编》,北京大学出版社 1983 年版,第 24—25 页。

② 李秋华:《试析柏拉图的正义论——〈理想国〉的政治哲学解读》,《江苏社会科学》,2007 年第 3 期,第 65 页。

③ 例如,马克思就曾指出,“他(柏拉图)的理想国只是埃及种族制度在雅典的理想化”。

④ [古希腊]亚里士多德著,吴寿彭译:《政治学》,商务印书馆 1983 年版,第 168 页。

⑤ [古希腊]亚里士多德著,吴寿彭译:《政治学》,商务印书馆 1983 年版,第 169 页。

（二）古罗马时代的西方法治思想

为树立权利概念奠定基础，是古罗马法治最重大的贡献。古罗马法律承认“个人应得的利益”，这种承认既对权利的实际内容进行了确认，也为日后完整权利观念的形成奠定了基础。除此之外，受到自然法的影响，古罗马法学家认为“一切人是生而自由的”，提出了人人生而平等的观念，这是古罗马对于西方法治的又一重大贡献。

（三）中世纪时期的西方法治思想

中世纪指从西罗马帝国灭亡到东罗马帝国灭亡的这段时期（约公元476年—公元1453年）。中世纪也被称为“黑暗时代”。在世俗社会缺乏秩序、极度混乱的情况下，由于宗教思想可以不受疆界的限制，再加上教会内部也存在着井然有序的组织。因而，教会在这一时期有效地填补了中世纪的社会真空，发挥着维系社会稳定的重要作用。但是，由此也带来了教会与封建王权即政教之间的长期冲突。在这种背景之下，宗教学家认为，法律代表着神的意志，尘世的权威包括国王在内都必须服从法律。阿奎那甚至主张：“一旦统治者因背叛教义而被开除教籍，他的臣民依据这一事实便可不受他的统治，并解除约束他们的效忠宣誓。”[①]在这个意义上，中世纪西欧的宗教学家发展了利用法律限制统治者权力的学说，这一学说对后世无疑具有着重大的影响。[②]

在这一历史时期，除了教会法之外，《大宪章》的签署无疑也成了近现代法治思想的又一重要历史渊源。首先，《大宪章》的签署意味着国王不能仅凭个人意志进行统治，其行为必须受到法律的诸多限制。换言之，《大宪章》实际上在很大程度上改变了国王的统治方式：从过去依照口耳相传的惯例，转变为了依照白纸黑字的条文。如果说不成文的习惯尚有可以争辩、狡辩的余地，那么白纸黑字的条文则

① ［意］托马斯·阿奎那著，冯清槐译：《阿奎那政治著作选》，商务印书馆1997年版，第50页。

② ［德］卡尔·弗里德里希著，周勇译：《超验正义——宪政的宗教之维》，生活·读书·新知三联书店1997年版，第19页。

没有那么多可供“狡猾”的空间。[①] 其次,《大宪章》确立了未经同意不得征税的原则。在《大宪章》签订之前,英王可以在未经同意的情况下,提高征税的频次和税率。《大宪章》对这一问题进行了规定:“若无大咨议会之许可,将不得征收任何免服兵役税与贡金”。再次,《大宪章》对于正当程序的观念有着极大的促进作用。《大宪章》虽然并没有正确提出“正当程序”的字眼,但是《大宪章》第39条规定:“任何自由人,如未经其同级贵族之依法裁判,或未经我国法律审判,皆不得被逮捕,监禁,没收财产,剥夺法律保护权,流放,或加以任何其他损害。”可以看出,《大宪章》虽然没有直接提出“正当程序”,但其无疑是“正当程序”的源头。

(四)近代西方法治思想

伴随着资产阶级革命,西方的法治思想又有了极大的发展,在这一时期也诞生了为数众多的思想家,洛克、孟德斯鸠、卢梭是其中的佼佼者,他们的思想对后世产生了重大的影响。

1. 洛克的法治思想。

洛克在其代表作《政府论》一书中详细阐述了他的法治思想。首先,洛克提出了分权理论。洛克认为,为了对人们的财产、自由等提供更实在的保障,就需要防止权力的滥用,因此国家权力应当分立。洛克将国家的政治权力分为立法权、执行权和联盟权。其中,洛克认为,立法权是国家的最高权力,在人类的思想史上,第一次确立了立法权的崇高地位,确立了现代宪政的政治制度的根本。[②] 其次,洛克强调人权天赋。洛克所说的天赋人权包括生命权、生存权、自由权和财产权。洛克认为,财产权在这些权力当中居于核心地位,国家应当对以财产权为核心的权利进行保护。[③] 再次,洛克强调法律的权威性和严肃性,洛克认为:“法律不是为了法律自身而被制定的,而是通过

① 李红海:《他山之玉、何以攻石?——论大宪章对中国的镜检意义》,《比较法研究》,2015年第6期,第177—178页。

② 转引自曹宪忠:《论洛克的国家权力理论》,《文史哲》,2001年第6期,第113页。

③ 转引自李伯超:《洛克〈政府论〉宪政思想述评》,《求索》,2005年第2期,第72页。

法律的执行成为社会的约束,使国家各部分各得其所、各尽其职能;当这完全停止的时候,政府也显然搁浅了,……如果法律不能被执行,那就等于没有法律;而一个没有法律的政府,我以为是一种政治上的不可思议的事情,非人类的能力所能想像,而且是与人类社会格格不入的。"[①]"无论国家采取什么形式,统治者应该以正式公布的和被接受的法律,而不是以临时的命令和未定的决议来进行统治。"[②]最后,洛克还强调法律面前人人平等。洛克强调公民在执法、守法方面应该依律平等,无论是统治者,还是被统治者,贵族和评论,富者和贫者都是一样的,任何人都不能置身于法律之外。[③]

2. 孟德斯鸠的法治思想。

受洛克的影响,孟德斯鸠也认为,为了防止权力被滥用,必须进行权力分立。与洛克将权力划分为立法权、执行权和联盟权不同,孟德斯鸠在《论法的精神》一书中将权力分为立法权、行政权和司法权,其首次提出了近现代意义上的"三权分立"原则。同时,孟德斯鸠认为,为了防止权力被滥用,也需要以权力制约权力,因此,三种国家权力应当"彼此牵掣"和"协调前进"。[④] 与洛克将财产权的保护置于核心地位不同的是,孟德斯鸠将政治自由置于核心地位。孟德斯鸠强调,政治自由绝不是人们愿意做什么就做什么。相反,在一个有法律的社会里,政治自由的前提只能是:一个人能够做他应该做的事情,而不是被强迫去做他不应该做的事情。换言之,自由是做法律所许可的一切事情的权利;如果一个公民能够做法律所禁止的事情,那么人们就不再有自由了。[⑤] 可以看出,孟德斯鸠既强调个人自由,也强调法律至上。此外,孟德斯鸠还强调立法原则的重要性。孟德斯鸠

---

① [英]洛克:《政府论》(下册),商务印书馆1981年版,第132页。

② [英]洛克:《政府论》(下册),商务印书馆1981年版,第85—86页。

③ 转引自李伯超:《洛克〈政府论〉宪政思想述评》,《求索》,2005年第2期,第75页。

④ 转引自余凯:《近代分权学说的发展:洛克、孟德斯鸠和联邦党人之比较》,《兰州学刊》,2008年第3期,第34页。

⑤ 转引自张铭:《孟德斯鸠政治自由思想新探》,《苏州大学学报》(哲学社会科学版),1999年第4期,第15页。

把立法作为科学来研究，强调制定法律应当尽量减少立法者成见和感情的影响。他提出立法的根本原则是适中和宽和，并强调法律应该与本民族的实际相吻合。具体应该是立法与政体的原则相适应，立法应符合民族精神，立法应适合本民族的自然条件和社会条件。

3. 卢梭的法治思想。

同洛克和孟德斯鸠一样，卢梭也是近代西方启蒙思想家的代表。卢梭也同样强调法律的权威性，认为只有实行法治才能有效地对人的自由和尊严进行充分的保障。但是，与洛克和孟德斯鸠不同的是，卢梭反对洛克和孟德斯鸠的分权理论，认为"我们的政治家们既不能从原则上区分主权，于是便从对象上区分主权：他们把主权分为强力与意志，分为立法权与行政权力，分为税收权、司法权与战争权，分为内政权与外交权。他们时而把这些部分混为一谈，时而又把他们拆开。他们把主权者弄成是一个支离破碎拼凑起来的怪物。这一错误出自没有能形成主权权威的正确概念，出自把仅仅是主权权威所派生的东西误认为是主权权威的构成部分。"[①]此外，卢梭格外强调人与人之间的平等，他十分厌恶那些上流社会的权贵，指责贵族在法国坐享有害而无益的特权，是法律与自由的死敌。[②] 所以，他坚持法律平等，认为"法律的条件下人人都是同等的，因此既没有主人，也没有奴隶"。[③]

可以看出，近代以洛克、孟德斯鸠、卢梭为代表的西方思想家，均强调法治至上，推崇法律的权威性，同时，他们也明确提出了民主、自由、平等等法治理念。这些思想至今仍然具有极大的影响，也构成了西方法治理念的重要思想渊源。

（五）当代西方法治思想

伴随着新的社会思潮和哲学思潮的兴起，当代西方也出现了新

① ［法］卢梭：《社会契约论》，何兆武译，商务印书馆 1980 年版，第 37 页。

② 转引自史彤彪：《卢梭的法律思想对法国大革命的影响》，《法学家》，2004 年第 2 期，第 137 页。

③ ［法］卢梭：《社会契约论》，何兆武译，商务印书馆 1980 年版，第 24 页。

的法学流派，它们既受旧有法学流派的影响，也提出了一些新的观点和思想。

1. 新自然法学派。

根据思想渊源的不同，新自然法学派一般分为天主教神学的新托马斯主义的自然法学派和非神学的、世俗的自然法学派。新托马斯主义自然法学派继承并发展了托马斯·阿奎那的法哲学思想。新托马斯主义自然法派在追随托马斯自然法传统的基础上，立足于制定一些广泛的、抽象的原则，并在神学的基础上注入了一些新的内容。① 新托马斯主义自然法学派代表人物是法国的马里旦和比利时的达班。新托马斯主义自然法学派与老托马斯主义自然法学派较大的区别在于：新托马斯主义自然法学派认为，当实在法与自然法不一致的情况下，实在法只是不道德的，但却不一定是无效的。

世俗的自然法学派以富勒、罗尔斯、德沃金等为其代表人物。世俗的自然法学派同样在继承传统自然法观点的基础上，力图对其进行新的解释。在这一过程中，不同学者往往侧重于不同的方面提出自己的看法。比如，富勒强调法律与道德之间的联系，认为法律的制定和实施，以及内容和形式都必须符合道德的要求，即他所谓的法律内在道德或程序自然法。罗尔斯则侧重于强调实在法必须以正义作为其价值基础，罗尔斯将其正义概括为两个原则："第一个原则：每个人对与其让人所拥有的最广泛的基本自由体系相容的类似自由体系都应有一种平等的权利。第二个原则：社会的和经济的不平等应这样安排，使他们被合理地期望适合于每一个人的利益；并且依系于地位和职务向所有人开放。"②

2. 新自由主义法学派。

伴随着社会的发展，行政权力开始不断扩张，个人自由的保障也因此受到了巨大的威胁，这种社会背景无疑为新自由主义法学派的

---

① 占茂华：《自然法观念的变迁》，华东政法大学 2005 年博士学位论文，第 160 页。

② [美]约翰·罗尔斯：《正义论》，何怀宏等译，中国社会科学出版社 1988 年版，第 60—61 页。

出现埋下了伏笔，而哈耶克无疑是其中最杰出的代表人物。哈耶克继承了西方法律传统中的法律至上主义，维护法律的权威性，其同样认为法律应当具有普遍性、抽象性、确定性，也认为法律应当平等适用，权力应当分立制衡。同上述内容相比，个人自由与社会整体秩序之间的繁杂关系则被视为哈耶克的“终身问题”，更需要重视。[①] 哈耶克认为，法律是保护自由的，在《通往奴役之路》一书中，哈耶克指出：“法治的意义就是指政府在一切行动中都受到事前规定并宣布的规则的约束——这种规则使得一个人有可能十分肯定地预见到当局在某一情况中会怎样使用它的强制权利，并根据对此的了解，计划他自己的个人事务。”[②]由此可以看出，哈耶克对于个人自由的高度重视，政府的权利应当受到严格的限制，个人自由不受政府权力的侵犯是哈耶克最为重要的观点。

二、中国传统社会法治思想的历史发展

中国古代曾经创造过辉煌灿烂的法学文化和日臻完善的法律体系，“一准乎礼”的“唐律”就以其简明的立法、完备的体系，集古代法律之大成，被称为“中华法系的代表作”，在中国以及东南亚地区产生了深远的影响。近代以来，西学东渐，学习西方先进文化、探索救亡图存道路的先驱者们，也大多注意本民族的文化特点和法律传统，力求造就一种中西交融的法律思想体系和法制模式。[③]

中国法律思想渗透着数千年来无数仁者志士忧国忧民、孜孜以求治国安民之道的伟大精神，这无疑是值得我们骄傲的民族文化遗产。珍惜古人的思想遗产，甄别其中的精华成分加以继承，才是我们应有的态度。全面推行依法治国，必须回顾中华民族自身的法律发展历史。因为历史是最好的教科书，只有梳理历史上的法治理念，了

① 转引自邓正来：《规则·秩序·无知——关于哈耶克自由主义的研究》，生活·读书·新知三联书店 2004 年版，第 166 页。

② 转引自石友琴：《论哈耶克法治理念及对中国法治建设的启示》，《东南大学学报》（哲学社会科学版），2007 年 S2 期，第 107 页。

③ 梁凤荣主编：《中国法律思想史》，郑州大学出版社 2010 年版，第 3 页。

解法治精神在两千多年的历史长河中对法律和政治制度产生的影响,才能更好地探索中国特色社会主义法治道路。

法治思想在中国由来已久。虽然中国社会长期处于专制集权时期,但中国古代君主历来重视法律的作用,积极编纂法典,重视司法实践,礼法并用是中国古代统治者一以贯之的基本思想。中国古代的法治首先是作为一种学说或思想流传于世的,在其获得君主认可后成为立法和执政的指导原则,推动社会的发展,对中国古代的法律和政治制度产生了深远的影响。

(一)夏商周时期

夏商周时期是中国法律的启蒙时期。这一时期,法律处于初创阶段,成文法远未形成系统的典章。大量的社会法律关系靠业已存在的习惯调整,婚姻、继承等宗族制度已初具规模,逐渐形成一批确定性规则。刑罚制度开始逐步产生,但多以残酷的肉刑为主。社会、政治生活中弥漫着浓厚的神权思想,尊神敬祖成为了社会思潮的主流。① 从夏商时期的"天命""天罚"思想到西周时期的"明德慎罚"的法律思想,统治者愈来愈重视法律的作用,礼治与法治逐渐成为治理社会的两种主要方式,法治思想逐渐显现。

神权法思想是由宗教迷信思想发展而起的。相传夏朝奴隶主已开始利用神权法思想对奴隶进行欺骗,为其统治披上合法的外衣。夏商统治者都把自己的统治说成是天的意志,即"受命于天"。"有夏服(受)天命""有殷受天命"。到了商代,随着奴隶制生产关系的发展和王权的加强,神权法思想有了很大发展并进入高峰。殷商奴隶主以迷信鬼神著称,"殷人尊神,率民以事神"。②

西周政权建立后,神权法思想发生了一次重大的变化。殷商统治者过去一再宣扬的"受命于天"并且可以永世长存的思想受到质疑,于是,周朝提出了天命转移的"以德配天"学说。"敬天保民"成为周人的为政理念,认为民心向背是有德失德的标尺,民心直接反映了

---

① 马建兴主编:《中国法制史》,湖南人民出版社 2003 年版,第 37 页。
② 邓红学、熊伟业主编:《中国传统文化概观》,复旦大学出版社 2011 年版,第 215 页。

天意,要求统治者既要克制贪婪,使民安居乐业,又要能谨慎用刑。

“明德慎罚”是西周的立法指导思想之一,也是西周法律思想的主要内容。所谓“明德”,就是提倡尚德、敬德,要求统治者严于律己、勤于政事、体恤民情,它是慎罚的指导思想和保证。其主要内容包括:一是要体恤民情、视民如子,以教化为主;二是要严于律己、勤于政事;三是要对同族贵族特殊关照,以免众叛亲离。所谓“平易近民,民必归之”。所谓“慎罚”,就是刑罚适中,不乱罚无罪,不乱杀无辜。其主要内容包括:不杀无辜;罪人不孥,罪止一身;区别对待;先教后刑;恰当使用法条,防止偏颇。① 在“明德慎罚”的立法指导思想下,西周建立起了一套较为完善的法律制度,主要表现为以下几个方面:

一是要求对犯罪行为的主观过错进行具体分析、区别对待。周公在《尚书·康诰》中提出了过失(眚)与故意(非眚)、偶犯(非终)与累犯(惟终)的概念,主张故意、累犯从重,过失、偶犯从轻,并强调区别具体的犯罪情节。这一概念的提出,对后世立法产生了深刻的影响。

二是反对族诛连坐,主张罪止一身。针对商朝“罪人以族”的做法,周朝继承了文王“罪人不孥”的主张,强调“父子兄弟,罪不相及”。

三是反对“乱罚无罪、杀无辜”,主张德刑并用,实行教化。如《尚书·康诰》中告诫各级官员,要认真审判,“其勿误于庶狱”。在《尚书·梓材》记载“奸宄杀人,历人宥”,即歹徒杀人,路过者与此案无关,不负刑事责任。在《尚书·酒诰》中指出,周人犯“群饮罪”,要处以死刑;殷商遗民如犯“群饮罪”,从争取民心的角度出发,可以教化而不处以死刑。

四是对危害宗法等级秩序和私有财产的犯罪严惩不赦。周公开创了以刑罚维护宗法伦理的先例。对不忠于国君、犯上作乱等犯罪行为,要处以割裂肢体的酷刑;对“寇攘奸宄”“杀越人于货”的强盗罪、杀人罪,要处以死刑;将“不孝不友”罪作为重大犯罪,要求“刑兹

① 邓红学、熊伟业主编:《中国传统文化概观》,复旦大学出版社2011年版,第218页。

无赦”。

“明德慎罚”思想的提出使中国法律思想开始从天际走向人间，对后世法律思想产生了深远的影响。在“明德慎罚”这一法律思想的指导下，西周统治者十分重视法律规范的指导作用，建立起了较为完善的法律制度，以法律来规范人们的社会活动，推进了刑罚制度的规范化。所谓“礼不下庶人，刑不上大夫”，正是西周社会规范的真实写照。春秋战国时期儒家的“为政在德”思想与法家的“缘法而治”思想，尤其是西汉时期儒法合流之后产生的“德主刑辅”思想皆可从中找到渊源。

（二）春秋战国时期

春秋战国是中国历史大变革时期，也是中国法律思想史发展的“黄金时代”。诸子百家学说为帝王谋，为将相谋，甚至为平民谋，涉及法律方面的内容十分丰富。儒家的法律思想主要有人治、德治与礼治三方面的内容，他们强调统治者的表率作用重于设法立制、道德感化优于刑罚威慑、传统的以礼治国优于当时新兴的“以法治国”。对“传统”，儒家持改良态度；对“人性”，儒家持乐观态度，认为“人性善”。正因如此，儒家学说充满理想色彩，他们坚持“礼教救世”。法家则不然，法家的学说十分现实，他们对人性持悲观态度，即“人性恶”，因而认为礼教救世是迂阔之论。他们认为只有“法治”才能扼制人性的膨胀，建立起稳定的秩序。法家认为法治是历史发展的产物，确立了“法治”理论，向君主提出了一整套操作性极强的推行“法治”的方法。与儒家相比，法家学说显得激进、有力、现实，最终被统治者所接纳。战国七雄都进行了变法，按法家描绘的模式建立了君主集权制国家。①

法家思想起源于春秋时期的管仲、子产，真正形成并得到发展则是因为战国时代的李悝、商鞅、慎到、韩非等人。早在春秋时期的社会变革中，夏商以来盛行的天命神权观念就受到质疑，其思想支配地

① 马小红主编：《古法新论：法的古今连接》，生活·读书·新知三联书店2014年版，第195页。

位开始动摇。在社会变革的历史背景下，“轻天重民”的思想进而萌发，民众的社会地位开始提高。法家的法治思想是战国后期特定历史条件下的产物。韩非站在新兴地主阶级的立场上，极力主张“广发先王之教”“以法为教”“治民无常，唯治为法”。这就是说，治国治民只能用法治的手段，人们的言行，除法以外不能有任何标准。[①] 韩非的法治思想是以彻底地否定礼治、崇尚法治为特色的，它限制了贵族阶级的特权，维护了新兴的封建制度，适应了当时中国走向统一的历史趋势。法家的“法治”思想主要表现为以下几个方面：

一是“事断于法”“刑无等级”。针对各级贵族的等级制度与法律特权，管仲明确阐述了法的客观性与规则性，使得法不再因人而异，也不会任人解释。商鞅进一步提出刑无等级，韩非也坚持“法不阿贵”。

二是“为法”“行法”“明白易知”。到了战国时期的法家革新派，继承春秋后期公布成文法的成就，他们更加重视制定法的普及与适用。主张法律条文明白易知，赏罚分明。

三是“行刑重轻”“以刑去刑”。“行刑重轻”，即“行刑，重其轻者”。为了尽快废除旧制度，稳固新的政权，法家提倡重刑主义原则。商鞅主张对轻罪适用重刑，起到杀一儆百的震慑作用，从而达到遏止犯罪的目的。

至秦始皇统一天下，法令一统，以吏为师后，全国统一用法，法家思想达到了最高峰，但也从此走向僵化。加之惟法是用，使得后代人们在推翻秦的暴政之后，法家思想也受到冲击和批判。

汉承秦制，尽管废除了秦朝的苛政，但是在法律上和思想上，汉初仍遵照秦制。即便是汉武帝以后独尊儒术，但是法家思想仍隐藏在儒学的外衣之下，儒霸道杂之。所以两千年来，在政治法律领域中，法家从未真正退出。

（三）秦汉时期

秦朝继续推行秦国自商鞅变法以来一直奉行的、以法家思想为

① 刘敏、徐晓杰主编：《中国传统文化导论》，东北大学出版社 2014 年版，第 52 页。

主的治国策略。商鞅的法治主张及其所建立的各项法律制度,对秦国的繁荣发展产生了巨大的作用。秦始皇执政以后,坚持以法治国,推崇韩非的法、术、势相结合的思想。法家思想,主要是商鞅、韩非的学说,在秦统一全国之前后,都是其法制的指导思想,而其推行者则是秦始皇与李斯。①

自商鞅奉行重刑主义的法制原则后,统一后的秦朝将其发展至顶端。李斯继续了商鞅"禁奸止过,莫若重刑"的理论,极力推行"轻罪重罚"。据《汉书·刑法志》,秦始皇"专任刑罚……赭衣塞路,囹圄成市",而秦二世"法令诛罚,日益深刻"。《史纪·秦始皇本纪》中记载的"断足盈车""势积如山",就是当时社会司法实践的写照。及秦二世即位,"专任刑罚""乐以刑杀为威"。秦朝不仅崇尚重刑,还积极推行文化专制,禁止法家以外的各家学派的存在,思想专制达到了前所未有的程度。

在法家学说指导下的法制实践,一方面唤醒了中国人受礼治压抑已久的法的意识,强化了整个社会对法律的重视;另一方面又加强了中国人"法即刑"的固有观念,使中国人从内心愈发难以形成对法律存在的认同感和亲近感。②

汉初,社会政治经济形势发生了巨大的变化,同时,汉初的统治者总结秦朝暴政虐民、严刑峻法而导致迅速灭亡的历史教训,法制指导思想较秦朝发生了较大的变化。汉代法制指导思想的变迁,主要表现在从秦朝的"以法为主,专任刑罚",经过西汉初期的黄老思想,到西汉中期以后发展为"以儒为主,德主刑辅"。

一是汉初黄老思想与"约法省刑"。公元前202年,刘邦建立了中国历史上第二个大一统的封建王朝——汉朝。为了恢复生产、巩固统治,统治者深刻反思秦朝的法家思想,严厉批判"专任刑罚""轻罪重刑"的主张,确立了黄老学派"无为而治""与民休息""约法省刑"的立法指导思想。落实到汉初的法制原则上,表现为轻徭薄赋,

① 冀明武、罗宏阳主编:《中国法制史》,吉林大学出版社2014年版,第64页。
② 冀明武、罗宏阳主编:《中国法制史》,吉林大学出版社2014年版,第64页。

约法省刑，安定百姓，即不用繁重的徭赋来扰民，不以严苛的刑罚来残民，通过“与民休息”，达到发展经济、巩固统治的目的。黄老学派的法律思想对汉初的立法、司法产生了重要的影响。①

二是汉武帝时“德主刑辅”与封建正统法律思想的确立。经过汉初六七十年的休养生息，百姓得以温饱，国家也积累了大量财富。然而经济的繁荣并没带来政治的稳定：在帝国内部，汉高祖刘邦所分封的诸侯王势力膨胀，威胁到中央政权的稳固；在对外关系上，朝廷与北方匈奴之战连年不断。黄老“清静无为”的思想显然已经无法满足汉王朝对内加强中央集权、对外开拓疆土的需要。为了实现大一统的治世理想，汉武帝决心改汉初时的“无为而治”为积极进取的“有为而治”思想，采纳董仲舒“罢黜百家，独尊儒术”的主张，确立了“德主刑辅”的指导思想。这种思想实质上是对以孔子、孟子、荀子为代表的儒家思想和以商鞅、韩非为代表的法家思想以及阴阳等诸家学说的综合继承。正如汉宣帝所言，“汉家自有制度，本以霸王道杂之”。“德主刑辅”纠正了秦代专任刑罚的错误，把儒家的德礼教化和刑罚惩治相结合，更有利于维护王朝的长治久安。这时的“法治”思想并未退出历史舞台，而是与“礼治”一并成为统治者治理国家的两种手段，相辅相成。

董仲舒的儒学思想，是一种吸收了各家学派的新的思想体系。其思想以“天人感应”为哲学基础，以“德主刑辅”“三纲五常”为主要内容，要求封建统治者治理国家应以礼义教化为主，而以刑事处罚为辅。西汉中期确立的这种法制指导思想为后世历代王朝所沿袭发展，成为中国封建社会的正统法律思想，对后世的封建立法产生了重要影响。②

汉代司法机关做出判决后，有些重大案件须经皇帝裁决后方可执行，一般案件则由郡、县执行。汉代对于死刑的执行，实行“秋冬行刑”的制度。“秋冬行刑”制度，是“天人感应”理论的产物。根据儒

① 孔令秋主编：《中国法制史》，中国铁道出版社 2014 年版，第 58 页。

② 孔令秋主编：《中国法制史》，中国铁道出版社 2014 年版，第 58 页。

家理论，秋冬执行死刑被看作顺阴阳、则五行、合于天时的，从而把司法活动与天道结合起来，借助天的权威，加强法律的威严。秋冬行刑制度，一直贯穿于汉以后的封建社会。明、清时的“秋审”，即源于此。[①] 秋冬行刑制度在客观上使很多大案的审理判决避免在春夏农忙时进行，有利于农业生产。同时也给某些死囚犯一定的存狱时间，限制了统治者滥施刑罚的权力，有利于纠正冤假错案。

为了阐发先秦儒家经典的微言大义，西汉后期以后，一些经学大师用儒家经义逐字逐句地解释法律，导致律学的兴起。东汉时期，引经注律的经学极为兴盛，儒学大师们引经注律的活动，使法律概念更加准确，语言更加精炼，同时进一步推动了法律的儒家化。因此，中国传统意义上的法律学术从汉朝开始，依据儒家经典对法律进行讲习、注释的学问，历史上称之为“律学”。“律学”主要是从文字、逻辑和技术上对法律条文进行详细解释，以刑罚的宽与严为关注的中心问题，讨论肉刑的存与废，律、令等法条的具体运用，以及礼与刑的关系等。

（四）魏晋南北朝时期

魏晋南北朝时期经济、政治和文化环境以及立法的迅速变革，影响到了人们对法的根本看法，出现了多元化的法律思想观念。在三国时期，有曹操、诸葛亮等人厉行法治，复兴法家学说；在魏晋时期，有糅合道、儒而成的玄学法学观；在南北朝时期，又有佛学观念对法律思想的冲击。在立法和司法实践中，儒学思想仍占据着主导地位，并不断扩张、渗透，法律的儒家化进程十分显著。这种多元化的法律思想观念，既是对两汉封建正统法学世界观的修改和补充，也是魏晋南北朝时期社会战乱、大一统专制国家权威低落的必然结果。[②]

三国时期，曹魏政权的创始人曹操和蜀汉政权的奠基人诸葛亮复兴法家学说，在礼法结合的基础上厉行法治。在法律思想方面，曹操提出了“以礼为本，礼法并用”“设而不犯，犯而必诛”等一系列建立

---

① 刘双舟主编：《中国法制史》，对外经济贸易大学出版社 2014 年版，第 61 页。

② 里赞主编：《中国法制史》，清华大学出版社 2010 年版，第 102 页。

在儒学基础上的法治主张。曹操对汉代法律制度的改革做出了努力。如重视礼的教化作用，令各郡国修文学，县置校官，以改善东汉末年衰败的社会风气和社会秩序；选择“明达法理者”，充任各级司法官吏；减轻田租赋税，抑制豪强的势力；大胆起用贤能之士，“不官无功之臣，不赏不战之士”，并以此定为法令。诸葛亮提出了“先教后刑”“赏罚必信”“执法公允”等一系列主张。在治理蜀汉的二十余年中，他厉行法治，健全各种制度，将当时相对最弱小的蜀国治理得井井有条。

曹操和诸葛亮都非常重视法律的作用，强调在安定的环境中可以用礼治政，但在战乱或者原来的统治者软弱无力、法纪松弛、民心堕落的形势下，必须以法律为武器。三国时期，要巩固政权，打击豪族势力，结束分裂战乱的局面，必须清除司法体制的腐败和黑暗，厉行法治。因此，他们在理论上都提出了礼法结合基础上的法治主张，并在实践中强调以法治乱，以法治国。

曹操、诸葛亮的法家理论，已不仅仅是战国至秦时期法家理论的简单翻版，而是结合当时社会现实做出修正了的法家理论，即他们的法治，都是以礼法结合、德主刑辅为基础的。曹操、诸葛亮是在总结东汉社会战乱的教训、希望克服法制的弊端的基础上提出的法治学说，对儒、法两家都有所发展和贡献。就儒家学说而言，他们吸收了孔孟等早期儒学中的民本思想，汉儒董仲舒等人的君臣观念，以及路温舒、桓谭、王充、仲长统等人的德主刑辅的理论，而克服了东汉末年以谶纬经学为表现形式的消极的儒家理论。对法家而言，他们坚持“明法理”“重法慎刑”，赏罚必信、执法公允的积极成分，而抛弃了李斯、秦始皇的一味任刑不任德的做法。①

（五）隋唐时期

隋初统治者承袭了以德为主、德刑并用的正统法律思想。开皇三年（583 年），隋文帝颁发诏令：“朕君临区宇，深思治术，欲使生人

① 里赞主编：《中国法制史》，清华大学出版社 2010 年版，第 102 页。

从化，以德代刑。”隋文帝将“德治”作为自己治理国家的基本方针，建立儒家思想所倡导的伦理有序的法律秩序。隋初君臣重视德治、仁治。强调宽法轻刑，但不轻视法律的作用，积极地革新法制。在德刑关系上，隋初首先明确“刑可助化，不可专行”，也就是说法律是治理国家的一种手段，但必须要以“德治”思想为指导，以达到“德治”为目的。在此基础上制定的《开皇律》，是中国法制史上一个新的里程碑。①

隋朝开国伊始，隋文帝便大刀阔斧进行法律改革，废除繁法苛刑，“以轻代重，化死为生”。开皇元年（581 年）制定而成的法律，废除了原有的枭首、轘身及鞭刑等残酷刑罚，死刑只用绞、斩；其他流、徒等刑罚都改重从轻、化死为生。开皇三年（583 年），隋文帝再次下令修订法律，减少杖、徒、流、死罪等条款共千余条，最终形成了一部仅有五百条的《开皇律》，做到“刑网简要，疏而不漏”。修律完毕后，隋文帝下令各地加强司法审判，判案断狱必须依据法律。开皇三年（583 年）又在大理寺设律博士，尚书刑部设明法曹，州县设律生，作为解释法律、辅助司法审判的专门人员。

唐朝前期的统治者确立了“德礼为政教之本，刑罚为政教之用”的治国方针，提出了一系列法律思想并付诸实践，建立了完善的法律制度。

一是重视以法律为治国手段，建立完备的法律体系。唐初统治者吸收借鉴隋朝后期法制败坏的历史教训，非常重视制定法律、推行法制，试图建立一个良好的社会秩序。在法制为先的思想认识下，从唐高祖、唐太宗到唐高宗、唐玄宗时期，先后多次制定或修订了唐朝的律、令、格式，逐步形成了一套系统完备的政治法律制度。唐初统治者提倡法制为先，并不是单纯强调唯法律论，也不是一味诉诸刑罚镇压，与以往的严刑峻法政策更无共同之处，而是要确立礼刑并用、德礼为本的法律思想。唐太宗采纳魏征提出的“王政本于仁恩，所以

① 冀明武、罗宏阳主编：《中国法制史》，吉林大学出版社 2014 年版，第 129 页。

爱民厚俗”的建议，“遂以宽仁治天下，而于刑法尤慎”。所谓“以宽仁治天下”，并非放弃法律制度完全不用，而是要继承发展两周时期所开创的“明德慎罚”、“礼刑并用”的法律思想。

二是立法宽简，慎狱恤刑。唐初统治者接受隋朝后期“禁网深刻”，“法令尤峻，人不堪命，遂至于亡”的沉痛教训，在法制为先、德礼为本的前提下，进一步提出了立法宽简、慎狱恤刑的法律思想。早在唐朝政权刚刚建立之时，唐高祖就率先提出：立法“务在宽简，取便于时”。在这一思想的指导下，废除隋朝后期的严刑峻法，重新制定了“五十三条新格”。唐太宗即位后，又再三重申：“死者不可再生，用法务在宽简。”高宗也以“画一之制，简而易从；约法之章，疏而不漏”为立法原则。

三是严明法制，一断以律。严禁枉纵、严格依法。唐太宗诏：“人有所犯，一一于法。”《唐律疏议》专门设置“诸断罪皆须引律令格式正文”条，以强调依法断罪量刑；设监察机构，监督官吏奉法守法；唐太宗深信“法之不行，自上犯之”，对“尽忠益时者，虽仇必赏”，如魏征，对“犯法怠慢者，虽亲必罚”，如皇叔李道宗“坐赃下狱”，免官、削封邑，功臣高甑生诬告李靖谋反“坐减死徙边”。

（六）两宋时期

两宋时期，社会矛盾日益尖锐，阶级斗争更加激烈。因而出现了与封建社会前期有所不同的特点。大体来说，理学的兴起、思想文化统治的加强和变法改革的发展就反映出这些特点。

理学是宋明时期的一种学术思想，它作为我国封建社会后期的官方统治思想，支配着我国政治、法律以及文化的发展。北宋王朝是在经历了唐末、五代以来长期混乱局面之后建立起来的。五代时期，王朝更替频繁。封建伦理纲常遭到破坏，等级制度松弛，宗法谱牒废弃，这种状况极不利于封建君主的统治。赵匡胤即位后，重整伦理纲常，恢复和发展封建统治秩序。加强思想统治。这就需要地主阶级思想家们从理论上予以论证，作出有利于地主阶级的解释。显然，汉儒章句训诂之学，已经不能适应这种需要，赤裸裸的天命论，也远远不能满足这种需要。于是,为论证加强君主专制的合理性,保持地主阶级统治的永恒性的理学应运而生了。[①]

理学的代表人物朱熹认为法是治国之具,这一工具的使用应以纲常为准。他说:“凡听五刑之讼,必原父子之亲,立君臣之义以权之,盖必如此,然后轻重之序可得而论,浅深之量可得而测。”“凡有狱讼,必先论其尊卑、上下、长幼、亲疏之分,而后听其曲直之辞。”“礼字、法字实理字,日月寒暑往来屈伸之常理,事物当然之理。”他还很清楚地指出:“废三纲五常这一事,已是极大的罪名。”这样,他就给礼和法都披上了神秘的外衣,用思辨哲学愚弄百姓,为统治者提供了新的理论武器。同时,在司法上,他还主张谨慎用刑以及及时处断案件,提高效率。他认为刑罚是使人们向善的必要补充手段,但狱讼关系到人的生命,所以朱熹也认为对断案一定要谨慎从事,要谨慎量刑,以达到上合法意,下慰民情。他希望能通过法律的外在强制力量和人们内心的自觉行动,实现“存天理,灭人欲”,以达到维护统治的目的。[②]

理学深刻影响了宋明时期的正统法律思想及其立法和司法实践,使其进入一个前所未有的发展阶段。首先,由于刑罚被程朱理学说成是“存天理,灭人欲”的正义手段,因此,先前的儒家思想总是以“德主刑辅”“恤刑慎杀”作为司法实践的指导思想,而在理学形成之后却代之以血腥的镇压,具有很大的残酷性。其次,封建伦理道德观念披上“理学”的外衣之后,更富有迷惑性与欺骗性,加之封建统治阶级不遗余力的宣传,“三纲五常”“男尊女卑”等封建伦理道德观念严重压抑着广大劳动人民的生存和生活自由,这也是造成中国传统社会后期停滞不前的社会原因之一。[③]

“熙宁新政”作为宋代历史上著名的变法活动,至今依然为人们所关注。而作为这次变法的主持人的王安石,他在变法中所提出的

---

① 李世宇主编:《中国法律思想史》,中国民主法制出版社 2006 年版,第 180 页。

② 韩志才、陈国华主编:《法学导论》,合肥工业大学出版社 2006 年版,第 64 页。

③ 侯欣一主编:《中国法律思想史》,中国政法大学出版社 2012 年版,第 198 页。

主张，以及为这种主张所做的论证，是王安石的法律思想的主要组成部分。可以说，王安石的法律思想就是通过他的变法实践表达出来的。

一是重视法律制度的建设。与大多数朝廷官员不同，王安石具有丰富的地方治理经验，在主政地方的过程中，他亲眼目睹了制度的流弊。法制混乱，政府财力逐渐枯竭，而社会风气也日益败坏。如果不积极改进，变法图强，任由事态继续发展下去，那这种局面将一发而不可收。王安石非常重视法律的作用，他认为治理国家的关键在于制定一套完善的法律制度，如果法律完备，官员有法可依，民众知所避就，那么国家就可以得到治理，民众也能安居乐业。但如果法制混乱，官员恣意行事，民众也茫然不知所措，那么就会天下大乱。一个好的法律制度对于国家的积极意义是毋庸置疑的，秦穆公任用商鞅进行改革，使秦国一跃成为战国七雄之一，才最终消灭了其他国家，结束了春秋战国分裂割据的局面。因此，要改变当前的状况，就必须首先从制定一部良好的法律入手。王安石认为一部好的法律应当重视保护百姓的利益，如果民众的利益得不到保护，仅凭严刑峻法将无法使法律得到人们的认可。作为一个以农耕文明为主体的国家，农业生产历来被视为国家的根本。因此，法律应当将促进农业生产作为主要的目标，无论制定何种法律，都应当将保障农业生产作为主要目标唯有如此，民众的利益才能得以实现，也只有这样，国家的富强才不会只是一句空谈。①

二是严格依法办事。在强调法律制度重要性的同时，王安石也没有忽略法律的实施问题。他曾经长时间担任地方司法官员，具备丰富的司法实务经验，并对司法实务中的问题有着深刻的认识。他认为，官员审断案件时应当严格遵照法律要求，不可轻易突破。如果动辄以情断罪，那么法律的权威性将会被削弱，民众将无所适从。为了加强对司法活动的监督，王安石主张通过设立专门的监察机构对

① 张彩凤、常光玮主编：《中国法律思想史》，中国人民公安出版社2012年版，第186页。

司法机关的活动进行监督。他赋予中书以监察之职，并派得力的属员对具体案件进行核查。凡此种种，都为司法官吏严格依法办事提供了制度保障。[①]

（七）明清时期

史学上将鸦片战争以前称为中国古代，也就是说自1840年以后，中国社会已步入近代，历史的兴替已经证明明清时期是专制制度进一步腐朽的时期，封建专制的腐朽以及与之相适应的资本主义萌芽的产生与成长，体现在法律思想领域，也有着新旧交错的特点。

明朝是元末农民大起义后建立的。鉴于前朝教训，统治者在加强君主专制的同时，在经济上采取奖农减赋的措施，使明初社会生产得以恢复与发展。明中期以后，封建统治的腐朽性使其统治岌岌可危，为此明朝统治者在推行严刑峻法的同时，大力加强思想上的专制，使以理学为基础的正统思想更加系统化。与此同时，资本主义萌芽的出现，工商市民阶层的形成，使少数思想家产生了一种带有民主启蒙意义色彩的反对君主专制的激进思潮，如黄宗羲、王夫之、顾炎武等人。[②]

朱元璋建立明朝后，目睹了元代因“宽纵”而致“朝廷暗弱，威福下移”，最后亡国的历史教训，认识到“元政弛极，豪杰峰起，皆不修法度以明军政”致天下大乱的前车之鉴。同时，朱元璋出身寒微，有“见州县长吏多不恤民，往往贪财好色，饮酒废事，凡民疾苦视之漠然，心实怒之”的感同身受。因此，他认为自己所处的时代是一个“乱世”，治理“乱世”，必以“重典”。正如他所言：“反元政，尚严厉”；“吾治乱世，刑不得不重”。并且强调“重典治国”必须“重典治吏”和“重典治民”，通过“重典治吏”和“重典治民”实现“重典治国”。

作为专制社会后期的政治家，朱元璋同样深谙“礼”在治理国家中的重要作用，建明伊始，就宣扬“纪纲法度为治之本”，“礼法，国之纪纲，礼法立，则人志定，上下安。建国之初，此为先务”。

---

① 张彩凤、常光玮主编：《中国法律思想史》，中国人民公安出版社2012年版，第186页。

② 韩志才、陈国华主编：《法学导论》，合肥工业大学出版社2006年版，第66页。

他曾“谕群臣曰：‘朕仿古为治，明礼以导民，定律以绳顽”。洪武末年，他告诫继承者建文帝，承平时期，治理国家，刑罚要轻。建文帝继承了朱元璋“明礼导民”的法律思想，曾“谕刑官曰：‘《大明律》，皇祖所亲定，命朕细阅，较前代往往加重。盖刑乱国之典，非百世通行之道也……夫律设大法，礼顺人情，齐民以刑，不若以礼。其谕天下有司，务崇礼教，赦疑狱，称朕嘉与万方之意。’”由此可见，明初注重礼法并用，即“盖太祖用重典以惩一时，而酌中制以垂后世，故猛烈之治，宽仁之诏，相辅而行，未尝偏废也。建文帝继体守文，专欲以仁义化民”。因此，明初“重典治国”和“明礼导民”相结合的立法思想，指导了明代的法律建设。

明末资本主义萌芽的产生，必然在政治法律思想上得到反映。这种反映到清初表现出来，这就是以黄宗羲、王夫之、顾炎武为代表的政治法律思想。他们在法律思想上提出了许多带有时代特点的新见解。[①] 黄宗羲的政治法律思想从怀疑封建专制的传统思想出发，提出了一些具有民主主义因素的启蒙思想。

一是对君主专制的批判。这是黄宗羲的政治法律思想中最具代表性的一部分，具体来说有以下几点：首先，关于君民关系。他认为人类之初，本无君主，只是由于人们的生活需求，为了保护一定的秩序就需要人“兴利除害”“古者以天下为主，君为客，凡君之所以毕世而经营者，为天下也”，就是说君不过是为天下服务的。其次，关于君臣关系，他认为君臣之间不是主从关系，而是平等关系。君与臣都承担着“为天下”的责任。那么人臣的职责是：“为天下，非为君也；为万民，非为一姓也。”“不在一姓之兴亡，而在万民之忧乐。”基于上述两点，他对封建专制的纲常伦理，进行了尖锐的批判，提出了一些鲜明的民主主张。

二是在立法上的思想。黄宗羲认为应立“天下之法”，去“一家之法”，这是法治的前提，只有法不再是君主的家法，才有法治可言，他

① 栗劲、孔庆明、赵国斌、刘富起主编：《中国法律思想史》，黑龙江人民出版社 1983 年版，第 311 页。

说“一家之法”是“藏天下于筐箧者也……法愈密而天下之乱即生于法中，所谓非法之法也”。他反对儒家正统的“贤人之治”思想，他说：“吾以谓有治法而后有治人。”有了“治法”，治国之才可以充分施展自己的才能。可见，黄宗羲的立法思想也是建立在反对专制的基础上的，这种法治观念主张法要为“天下之人”谋利，任何人不能有特权，这种具有明显的民主色彩的观点是与当时的资本主义萌芽的出现相联系的。①

三是工商皆本的思想。在封建正统思想中，重农抑商一直是封建统治者的基本政策。到了明中期，工商业日益体现其重要性。黄宗羲鲜明地提出“工商皆本”的主张，他说：“世儒不察，以工商为末，妄议抑之；夫工固圣王之所欲来，商又使其愿出于途者，盖皆本也。”意思是，工商业和农业一样，也是不可缺少的。同时，他还主张改革土地制度与赋税制度，认为当时的土地制度和赋税制度是“乱世苟且之术”“以法夺民之田”，应收土地为国有，并“授民以田”，如此则“国用自无不足”。

总之，黄宗羲对腐朽、黑暗的封建专制制度持以怀疑和否定的态度并进行批判，提出了代表市民阶层利益的要求，具有民主主义的启蒙思想，对近代民主的兴起与发展有着一定的作用。

清代是中国历史上最后一个封建王朝，建立之初，清统治者励精图治，取得了“康乾盛世”的好局面，但由于专制制度的日益腐朽，以及近代帝国主义的入侵，使清初与清末的思想有着很大的区别，相应地，中国这一时期的社会性质也由封建社会转变为半殖民地半封建社会。清代入关之初，特别强调仿行明代法制与保持后金习惯法相结合，形成了以“参汉酌金”“详译明律，参以国制”“渐就中国之制”为主旨的指导思想体系。根据这一指导思想，清廷致力于将汉明法制与后金法制相结合，全面继承汉族法制文明的成就。入关次年顺治帝即诏令“修律官参稽满汉条例，分轻重等差”，纂修《大清律》，并

① 韩志才、陈国华主编：《法学导论》，合肥工业大学出版社2006年版，第66页。

亲自为该律作序称:“爰敕法司官广集廷议,详译明律,参以国制,增损剂量,期于平允。”康熙帝亦指示修律要“满汉参差”“协和于中”。这些都反映了清初立法的指导思想。“洋泽明律”就是详细推导、演绎或借鉴《大明律》,以《大明律》为立法蓝本,“参以国制”就是适当保留入关前的旧有典章制度,“渐就中国之制”就是全面接受汉族典章制度。①

在中国开始向半殖民地半封建社会转变的时期,出现了龚自珍和魏源这两位地主阶级改革派思想家。在法律思想方面,他们对封建法制进行了一定的揭露和批判;主张革除弊政,变法图强;主张改革吏治,不拘一格选用人才。后来,魏源还总结了鸦片战争失败的教训,提出了“师夷之长技以制夷”的口号,成为中国近代最早主张向西方学习的人。龚魏二人的思想虽然没有超过地主阶级的范围,但他们是近代新学的先驱者,他们变法图强的思想,在近代法律思想史上产生了深远影响。

按时间顺序来说,中国历史进入近代时期以后出现的,首先是太平天国农民革命的法律思想。太平天国运动是近代中国农民阶级反抗封建专制统治和帝国主义侵略势力的一次规模空前的农民革命斗争。在创立和发展太平天国革命政权的过程中,出现了以洪秀全、洪仁玕为代表的革命农民的法律思想。这一法律思想的特点在于:它具有鲜明的反帝反封建、提倡自由平等的革命性和民主性。在这一法律思想指导下建立的太平天国革命法制,不仅对清王朝的封建统治,而对整个封建地主阶级及其意识形态是一个沉重的打击。

其次是资产阶级改良派的法律思想。这是指以康有为、梁启超为代表的主张维新变法、实行资产阶级君主立宪的法律思想。他们比较全面地介绍了西方资产阶级的法律制度和学说,力图通过维新变法达到救亡图存的目的。

再次是以沈家本为代表的清末封建统治集团内部具有资产阶级

① 曾宪义主编:《中国法制史》,北京大学出版社 2013 年版,第 253 页。

倾向的改革派的法律思想。为了掩饰封建专制主义统治，抵制人民革命运动，清末统治者打出了“仿行宪政”的旗号，并着手修订清律。在修律的过程中，以沈家本为代表的法理派与以劳乃宣为代表的礼教派之间产生了关于改革与守旧的论战，提出仿效资产阶级国家以法治国，制定具有资产阶级倾向的法律，删除清朝法律中的部分封建落后的内容，实行司法独立等主张。

沈家本在长期的司法工作中得出的结论是“世局亦随法学为转移”。他在主持清末修订法律工作时，即采取汇通中西、与时俱变的宗旨。其认为欲使修律达到预期效果，必须“会通中外”，一方面采取西方法律的形式和内容，另一方面要注重对中国法律传统的继承。他极为赞赏杜预《晋律注》所主张的“网罗法意”及“非专主一家”的立法精神。他认为这种精神可以作为修律的一项原则：“当此法治时代，若但征之今而不考之古，但推崇西法而不讨论中法，则法学不全，又安能会而通之，以推行于世?”所以，寻绎前人的成说，参考旧日的案情，与新学说“互相发明”，才是创立新法制的必由途径。固有法律传统对于修订法律极为重要，在其看来，如不究明法制沿革必然会导致不良的后果，贻害后人。他以明拷讯法为例对这种观点加以说明。其结论是，古法“不可遽废”，古律“不可妄删”。①

（八）民国时期

民国时期，资产阶级革命派的法律思想得以贯彻实施。以孙中山为代表的资产阶级革命派力主通过暴力革命推翻清朝专制制度，实现资产阶级民主共和制。他们彻底批判了封建专制主义统治的黑暗和残暴，主张建立具有资产阶级民主性质的法律制度。孙中山在继承中国传统法律思想遗产的同时，接受了资产阶级法律学说的影响，提出了具有中国特色的资产阶级五权宪法思想。

孙中山说：“吾国昔为君主专制国家，因人而治，所谓一正君而天下定。数千年来，只求正君之道，不思长治之方”，国家只能长期处于

① 转引自高旭晨主编：《中国近代法律思想述论》，社会科学文献出版社 2014 年版，第 229 页。

混乱。他认为军阀混战时期,“法律不能生效,民权无从保障,政治无由进行”,原因就是“蔑法律而徇权势”。基于上述认识,他提出了一系列法治思想。①

1912 年 3 月,在孙中山主持下制定的《中华民国临时约法》把人民主权的思想固定了下来。在《建国方略》中,孙中山又多次阐述“夫中华民国者,人民之国也,君政时代则大权独揽于一人,今则主权属于国民之全体”“盖国民为一国之主,为统治权之所出”。他还强调指出:“盖民国之民权,唯民国之国民乃能享之,必不授此权于反对民国之人,使得借以破坏民国。详言之,则凡真正反对帝国主义之个人及团体,均得享有一切自由及权利;而凡卖国罔民以效忠于帝国主义及军阀者,无论其为团体或个人,皆不得享有此等自由及权利。”

孙中山坚持法律至上原则,明确主张“今日办法只有以人就法,不可以法就人”;并提出,一切政党和势力均要在法律的范围内活动。虽然他认为一个政党内部可以用“人治”的办法管理,但作为一个社会组织,在处理其外部关系时,仍然要受法律的约束。“国中无论何人及何种势力,均应纳服于法律之下,不应在法律之外稍有活动。”他这一正确思想,对今天中国的法治建设,仍有其现实意义。法律至上最重要的是宪法至上。孙中山称宪法为“立国的根本法”,又说:“宪法者,国家之构成法,亦即人民权利之保障书也。”他认为,在整个法律体系中,宪法最重要。他说,“宪法为国家的根本大法,与国之存亡相始终。盖宪法成立,国之根本,庶难动摇”“国家宪法良,则国强;宪法不良,则国弱。强弱之点,尽在宪法”。因此其他法律均要以宪法为依据,“当与根本大法性质不相抵触”。早在同盟会纲领中,孙中山就明确提出要“制定中华民国宪法,人人共守”。在他被迫向袁世凯交出政权时,又郑重提出:“总统国民公仆,当守宪法,从舆论。”继在《中华后革命军大元帅檄》中愤怒批判袁世凯“改毁约法,解除国会”后,孙中山又在《讨袁宣言》中强调约法为“民国开创时国民

---

① 转引自张万洪主编:《法治、政治文明与社会发展》,北京大学出版社 2013 年版,第 46 页。

真意之所发表，而实赖前此优秀之士，出无量代价购得之也……违反约法，则愿与国民共弃之……尊重约法，则愿与国民共助之”。[①]

章太炎是资产阶级民主革命派中对法的概念，国家与法的起源、实质及其发展趋势论述较多的思想家。他认为凡属制度者，包括礼、官制、刑法，皆为法律。这一概念虽然仅只是对法律外在形式的概括而没有表述其内在的实质，但却纠正了中国古代思想家们将法理解为制定法，甚至仅理解为刑法的错误。[②] 作为汉学家的章太炎，其法律至上的思想是从通过肯定战国及秦朝诸法家的历史功绩来表述的。他说，商鞅执政时期，“政令出内，虽乘舆亦不得违法而任喜怒”。即法律一旦制定，即使是国王也不得违反。他认为在中国古代，法律至上、法律高于君权的思想出自于商鞅、韩非等法家人物，这一结论多少有些是出于他自己的主观愿望，但他认为秦朝并不是亡于法律的严酷，相反是亡于秦二世没有遵守既定法律的观点则是非常新颖的。

马克思主义法律思想中国化肇始于新民主主义革命时期。中国革命有着自己的特殊性，它不同于欧洲，特别是俄国无产阶级革命的道路，中国采取的是“农村包围城市”的革命道路，而且在夺取全国政权之前，在不同的革命时期都曾经创建过革命根据地，建立了人民政权。有了政权，自然就会创新革命法制，这些革命法制的建立是马克思主义法律思想中国化的初步尝试。[③]

在第二次国内革命战争时期，在中国共产党领导下，在江西瑞金建立中华苏维埃共和国，并积极地进行了立法工作，先后颁布了《中华苏维埃共和国宪法大纲》，制定了各种刑事法规，公布了土地法，劳动法和婚姻法，建立了新型的司法制度，拟定了诉讼程序。在《中华苏维埃共

① 转引自张万洪主编：《法治、政治文明与社会发展》，北京大学出版社 2013 年版，第 52 页。

② 侯欣一主编：《中国法律思想史》，中国政法大学出版社 2012 年版，第 312 页。

③ 史彤彪、吕景胜、冯玉军主编：《中国梦与法学研究、法律实践》，武汉大学出版社 2013 年版，第 56 页。

和国宪法大纲》的起草过程中，中国共产党提出了制定宪法的七大原则，这是马克思主义法律思想同中国革命实际相结合的最初理论形态。抗日战争时期，陕甘宁边区革命政权颁布了带有宪法性质的施政纲领，制定了减租减息，劳动保护，人权条例，婚姻条例，刑事单行条例和诉讼法规，特别是创造了“马锡五审判方式”，即采取巡回审判方式，依靠群众深入进行调查研究，运用审判与调解相结合的方法，这是典型的中国式的符合人民群众需要的审判方式。新民主主义法制的形成和发展是马克思主义法律思想中国化理论创新的早期成果。在解放战争时期，特别是新中国成立前夕，我们党颁布“废除国民党六法全书，确立解放区司法原则”的指示，这是马克思主义关于打碎旧的国家机器思想在中国革命中的具体运用。毛泽东同志在延安，还先后写下了《论人民民主专政》《新民主主义论》和《新民主主义宪政》等著作，阐述了关于宪政、民主的法律思想，成为马克思主义法律思想中国化的最早一批理论著作。

三、新中国的法治发展

《中共中央关于全面推进依法治国若干重大问题的决定》开篇即指出，依法治国是坚持和发展中国特色社会主义的本质要求和重要保障，是实现国家治理体系和治理能力现代化的必然要求，事关我们党执政兴国，事关人民幸福安康，事关党和国家长治久安。这是对党的十五大报告提出的“依法治国，建设社会主义法治国家”的进一步深化，表明中国的社会主义法治建设进入了新的历史阶段。要深入理解这一战略部署，有必要回顾依法治国方略的形成和发展过程，总体上说，大致经历了以下三个阶段：

（一）第一阶段：孕育阶段（1978 年到 1997 年）

1949 年中华人民共和国成立，中国共产党成为执政党。党如何执政？采用什么方略治理国家？在这个问题上，党经历了一个艰难而曲折的探索过程。1954 年制定了共和国第一部宪法，初步奠定了社会主义法制的基础。“文革”十年，社会主义法制遭到严重破坏。十年动乱之后，在总结“文革”深刻教训的基础上，我们党开始探索治国理政的新方法。在党的十一届三中全会召开前的中央工作会议上，邓小平同志强调：为了保障人民民主，必须加强法制，使民主制度化、法律化，做到有法可依，有法必依，执法必严，违法必究。这段谈话，把健全法制的基本要求准确而简洁地概括为十六个字，体现了邓小平同志民主与法制思想的基本精神，为中国依法治国基本方略的形成奠定了基本理论基础。

党的十一届三中全会确立了解放思想、实事求是的思想路线，同时提出了加强社会主义民主，健全社会主义法制的任务目标。全会公报指出："为了保障人民民主，必须加强社会主义法制，使民主制度化、法律化，使这种制度和法律具有稳定性、连续性和极大的权威，做到有法可依，有法必依，执法必严，违法必究。"这"十六字方针"，准确地描述了法治的基本精神内核，阐述了依法治国的基本内涵，为依法治国方略的最终提出奠定了思想基础。邓小平同志还强调："搞四个现代化一定要有两手，只有一手是不行的。所谓两手，即一手抓建设，一手抓法制。"这进一步指明了实施依法治国的方向。

在党的十一届三中全会精神指引下，党领导人民进行了一系列重大立法工作。1979 年五届全国人大二次会议通过《刑法》等 7 部重要法律。1982 年，全国人民代表大会通过了现行《宪法》。该《宪法》第五条第一款规定，"国家维护社会主义法制的统一和尊严"，这是依法治国在《宪法》中的最早表述，初步奠定了依法治国方略的《宪法》基础。《宪法》是治国安邦的总章程。对人民而言，它是基本权利的宣言书；对我们党来说，它是执政兴国的法制保证。依据宪法和相关法律的规定，司法机关恢复重建。党的十一届三中全会以后，按照"以经济建设为中心"和"建设有中国特色的社会主义"的指导思想和方针，立法机关开始推进立法进程，先后制定了《民法通则》等一系列重要的民事、经济法律，为改革开放和社会主义现代化建设提供了坚实的法律保障。

改革开放的深化和社会主义市场经济体制的建立，有力推动了法制建设稳步前进。1989 年《行政诉讼法》的颁布，是中国法治政府建设的重要开端。1993年，党的十四届三中全会通过的《中共中央关于建立社会主义市场经济体制若干问题的决定》提出："各级政府都要依法行政，依法办事。"这是第一次在党的正式文件中提出"依法行政"，将法治政府建设作为法治建设的重点，进一步丰富了依法治国的内涵。这一时期，国家赔偿、行政复议、公务员等法律制度相继建立，政府的行政行为逐步被纳入法律规范的轨道。司法机关在打击犯罪和保护人民权益中日益发挥重要作用，逐渐形成了与经济发展需要和国家治理相适应的司法体系。

在这一阶段，依法治国方略虽然尚未提出，但"十六字方针"的提出和宪法及一系列重要法律的修订出台，清晰阐释了依法治国的基本精神，社会主义法制体系开始形成，这为依法治国方略的形成奠定了思想基础和制度基础。

（二）第二阶段：形成和发展阶段（1997年到2012年）

党的十五大正式提出依法治国基本方略。十五大报告指出："依法治国，是党领导人民治理国家的基本方略，是发展社会主义市场经济的客观需要，是社会文明进步的重要标志，是国家长治久安的重要保障。"这就正式将依法治国提升为国家治理的基本方略。依法治国方略的提出，是对我们党治国理政经验的全面总结与升华，标志着党在执政理念、领导方式上实现了一次历史性跨越，为我国此后的国家治理和社会治理指明了方向，具有里程碑意义。虽然"法治"和"法制"只有一字之差，但内涵却有很大差别，即不再仅仅将"法"作为一种治理工具，而是作为国家制度的依据和基础，作为治国理政的基本方略。自此，"法制"回归其本意，成为法律制度的总称，主要从法律规则的层面强调法律体系的完整性和统一性；而"法治"作为一种与"人治"相对立的治国方略，强调依法治理，不仅要求具备"依法办事"的制度安排及运行机制，而且强调法律面前人人平等、规范权力、保障权利、程序公正、良法之治等精神和价值。

1999年3月，第九届全国人大二次会议通过的《宪法》修正案规定："中华人民共和国实行依法治国，建设社会主义法治国家"；并将这一条作为《宪法》第五条第一款，正式将依法治国确立为《宪法》的基本原则。通过国家根本法对依法治国予以保障，使其有了宪法保障，也使"依法治国"这一基本方略有了长期性、稳定性的制度基础。

在党的十五大提出依法治国基本方略的基础上，党的十六大提出了坚持依法执政、不断提高执政能力的思想，要求不断改革和完善党的领导方式和执政方式，将民主、法治、人权建设从以往的"精神文明"范畴中独立出来，正式提出"政治文明"的概念，这就进一步丰富了依法治国的内涵，明晰了依法治国与其他治理方式的关系。党的十六大还提出"三统一"的法治原则，即"发展社会主义民主政治，最根本的是要把坚持党的领导、人民当家做主和依法治国有机统一起来"，这就确立了中国特色社会主义依法治国方略的根本原则。2004 年，党的十六届四中全会提出"科学执政、民主执政、依法执政"的理念，把依法执政作为中国共产党执政的基本方式之一。这表明，我们党深刻认识到，在新的历史时期，必须实现执政方式的根本转变，将"法治"作为治国理政的基本方式。依法执政要求党要领导立法、保证执法、带头守法，进一步将依法治国与党的领导结合起来。"依法执政"的提出，表明我们党依法治国理念的进一步深化和发展。

在依法治国基本方略的指引下，中国立法事业取得了重大进展和显著成效。按照"十五大"报告提出的到 2010 年"形成有中国特色社会主义法律体系"的要求，2010 年中国如期基本形成了以"宪法"为统帅，以"宪法"相关法、民法商法等多个法律部门的法律为主干，由法律、行政法规、地方性法规等多个层次的法律规范构成的中国特色社会主义法律体系，国家和社会生活各方面总体上实现了有法可依。这是中国社会主义民主法制建设史上的重要里程碑。

作为依法治国的重要组成部分，依法行政也取得了明显进展。在《全面推进依法行政实施纲要》中，提出要"全面推进依法行政，经过十年左右坚持不懈的努力，基本实现建设法治政府的目标"，并明确提出要"加强对执法活动的监督，推进依法行政"。自行政处罚法、行政许可法等一系列重要法律颁布之后，一批规范行政行为的法律法规相继出台,行政听证、告知和申辩、信息公开等行政程序相继确立,标志着我们在依法行政、建立法治政府方面取得了初步成果。

适应实施依法治国方略的需要,国家稳步推进司法建设与司法改革。最高人民法院先后发布《人民法院五年改革纲要》和《人民法院第二个五年改革纲要》。最高人民检察院相继采取相应的改革举措。这些措施致力于改革和完善诉讼程序制度,实现司法公正,提高司法效率,维护司法权威,提升司法公信力,促进了中国特色社会主义司法制度的发展。

在这一阶段,依法治国方略的正式确立,有力推动了法治观念的普及,指引了中国特色社会主义法律体系的形成,促进了法治政府建设和司法体制改革,中国法治建设在立法、行政、司法等各个领域都取得了重大进展和显著成就。

(三)第三阶段:完善阶段(2012 年至今)

党的十八大强调,依法治国是党领导人民治理国家的基本方略,“法治”是治国理政的基本方式。党的十八大确立了依法治国的新任务和目标,即到 2020 年全面建成小康社会时,实现“依法治国基本方略全面落实,法治政府基本建成,司法公信力不断提高,人权得到切实尊重和保障”。这个战略目标是与 2020 年实现全面建成小康社会宏伟目标同时提出的,进一步突显了依法治国的重要性。习近平总书记多次强调依法治国的重要性,提出了“建设法治中国”的治国目标,并将其定位为实现中国梦宏伟蓝图的重要内容。这表明,依法治国是全面建成小康社会、实现中华民族伟大复兴中国梦的重要保障。

党的十八大以来,依法治国方略围绕着全面深化改革措施的推进而进一步展开。党的十八届三中全会提出要发挥市场在资源配置中的决定性作用,简政放权、转变政府职能,必然要求压缩政府审批权限、明确界定政府与市场和社会的关系,厘清政企关系、政事关系;进一步明确行政权力界限、规范行政行为与程序、加强行政信息公开,通过权力问责机制,加大对违法、失职行为的追惩力度,这为建设高效廉洁的服务型法治政府奠定了良好的基础。同时,依据党的十八届三中全会精神，建设法治中国，必须深化司法体制改革，加快建设公正、高效、权威的社会主义司法制度，这为我国的司法改革创造了有利的条件。

在改革进入“深水区”和“攻坚阶段”后，习近平总书记多次指出，凡属重大改革都要于法有据，在整个改革过程中，都要发挥立法的引领和推动作用。十八届三中全会提出，要推进国家治理体系和治理能力现代化。法治是现代国家的重要标志，法治能力是最重要的国家治理能力，法治化是国家治理现代化的重要标志，也是国家治理现代化的核心内容。在实现国家治理体系和治理能力现代化这一目标下，全面深化改革的重点之一，就是推进依法治国方略的具体落实。正是在这一背景下，党中央首次将依法治国确立为党的十八届四中全会的主题。

党的十八届四中全会高度评价长期以来特别是党的十一届三中全会以来中国社会主义法治建设取得的历史性成就，系统总结了依法治国的经验，研究了全面推进依法治国若干重大问题，对依法治国进行总体部署和全面规划，旗帜鲜明地提出坚持走中国特色社会主义道路、建设中国特色社会主义法治体系、建设社会主义法治国家。这在我们党的历史上是前所未有的。这次全会对依法治国方略作出进一步完善，提出建设社会主义法治体系和建设社会主义法治国家的总目标，与党的十五大提出的形成社会主义法律体系相比较，虽然“法治体系”与“法律体系”只有一字之差，但其内容和精神实质已发生明显变化。法律体系注重立法层面的有法可依，而法治体系则覆盖到科学立法、严格执法、公正司法、全民守法全过程，囊括了依法治国、依法执政、依法行政与法治国家、法治政府、法治社会各方面。为了实现这一目标，这次全会提出建设“五大体系”，即形成完备的法律规范体系、高效的法治实施体系、严密的法治监督体系、有力的法治保障体系，形成完善的党内法规体系，并强调坚持依法治国、依法执政、依法行政共同推进，坚持法治国家、法治政府、法治社会一体建设，实现科学立法、严格执法、公正司法、全民守法，促进国家治理体系和治理能力现代化。这实际上明确了建设中国特色社会主义法治体系、建设社会主义法治国家的具体路线图。同时，强调依法治国必须依宪治国。依法治国，首先是依宪治国；依法执政，关键是依宪执政。

在全面建成小康社会进入决定性阶段、改革进入攻坚期和深水区的当下中国，党的十八届四中全会提出全面推进依法治国的总目标，并科学规划了具体实施依法治国的路线图和制度保障，开启了法治中国建设的新篇章。这也是我们党对执政规律科学认识和深刻总结的结果，也是经济社会发展的内在要求和必然结果，为实现“两个一百年”奋斗目标、实现中华民族伟大复兴的中国梦提供了有力法治保障。

第二章　相关理论阐述

第一节　善治理论

一、善治理论在西方的发展

如果说治理是对新的政治现实的回应，那么善治则体现为西方学者和相关国际机构对"良好"的治理应该是何种形式的价值追求。因此，"善治"理论不可避免地被赋予意识形态的倾向性。罗伯特·罗茨（R A W. Rhodes）提出，"只有将市场的激励机制和私人部门的管理手段引入政府的公共服务，建立以信任与互利为基础的社会协调网络，形成政府与民间、公共部门与私人部门之间的合作与互动，才能真正形成善治模式"。[①]

善治理论也是国际经济组织对经济至上主义发展政策的回应。从20世纪80年代开始，以世界银行为代表的国际经济组织开始反思其奉行的经济至上主义的发展政策，逐渐意识到经济发展依赖于政治合法性、社会秩序和机构效率等政治和社会基础。世界银行在1989年出版的《撒哈拉以南非洲：从危机到可持续增长》的报告中提出，非洲发展问题的实质是"治理"危机，该地区需要通过政治革新塑造政治合法性和共识。[②] 在世界银行的引领下，各个国际经济组织开

① R A W. Rhodes, *The New Governance: Governing without Government*, *Political studies*, 1996, Vol. 44, No. 4, pp. 652 - 667.

② *World Bank, Sub - saharan Africa: from Crisis to Sustainable Growth*, Washington, DC: *The World Bank*, 1989, p. 60.

始改变传统只注重经济绩效的援助方式，通过引入“治理”概念，对借贷国国内相关社会和政策议题提出条件。通过讨论“治理”而不是“国家改革”或“社会政治变革”，多边开发银行和其他国际经济组织便可以用技术性的措辞来讨论敏感的问题，避免被认为在干涉主权国家内政。[①] 不同的国际组织甚至分别对治理加上了各色形容词，如世界银行、OECD“优良的”治理；联合国开发署（UNDP）“健全的”治理；联合国教科文组织“民主的”治理等。[②]

在国际组织的话语体系里，治理往往与其政策主张和制度改革倾向联在一起，带有一定程度的新自由主义意识形态色彩。世界银行在1998年发布的报告——《评估援助：何者有效，何者无效，及其原因》中指出，对外援助发挥作用依赖于受援国政府实施治理政策的条件。[③] 因此，双边和多边发展援助机构纷纷将提升东道国“善治”水平作为提供援助贷款的附加条件。在世界银行倡导的政策框架里，“善治”包括透明化的政府决策体系、专业化和建立在问责机制上的官僚体系、独立完备的司法体系、有效的政治参与和稳定的公民社会以及基于选举的政党政治和广泛的代表机制。国际行动援助组织在《善治：以民众为中心的治理》一书中相对全面地总结了“善治”的内涵：第一，善治本质上是民主的，它关注执政合法性、公信力以及人权目标。其次，因为善治强调效用和效率，所以它更加关注政府的治理能力而不是政府的形式。第三，作为一种协调，善治认为秩序是合法政府、公司和公民社会的行为及其互动的结果。[④]

20世纪90年代以后，西方学者和国际组织提出的“善治”理论开

---

① ［法］辛西娅·休伊特·德·阿尔坎塔拉：《“治理”概念的运用与滥用》，《治理与善治》，社会科学文献出版社2000年版，第18—19页。

② ［法］阿里·卡赞西吉尔：《治理和科学：治理社会与生产知识的市场式模式》，《治理与善治》，社会科学文献出版社2000年版，第129页。

③ World Bank. *Assessing aid: What Works, What doesn't, and Why. World Bank Group*, 1999.

④ ［印度］哈斯·曼德、穆罕默德·阿斯夫编著，国际行动援助中国办公室编译：《善治：以民众为中心的治理》，知识产权出版社2007年版，第16—19页。

始不断遭到批评。[①] 一方面,"善治"理论从西方的发展经验出发,对发展中国家的制度改革提出要求。这些理论对发展中国家的政治经济条件的多样性和转型过程面临的实际困难缺乏细致分析,表现出"一刀切"和缺乏操作性的问题。[②] 另一方面,西方发达国家和国际组织通过条件性贷款等方式迫使发展中国家进行国内改革的作法,不仅带有干涉内政和为跨国经济部门服务之嫌,而且令其援助的发展有效性大打折扣。因此,有学者提出国际组织在推行"善治"时,应该考虑发展中国家的经济水平、社会政治结构以及人口因素对治理能力提升的影响[③],并呼吁国际组织放弃"一刀切"的单一政策框架,根据特定的历史、文化和制度环境制定发展标准。[④]

因此,善治是治理理论在规范层面的自然延伸。总体而言,善治强调公民对公共事务的参与和公私合作在社会管理中的作用,同时更加注重社会公共目标的价值追求。在具体操作中,不同国家的政治社会条件不同,应该坚持以善治原则为指导,避免采取"一刀切"的做法。

二、善治理论在中国的发展

西方的治理和善治理论为我们理解发展中国家经济发展的政治基础提供了有益的视角。同时,西方治理和善治理论呼应西方世界新的政治现实,提出社会多元自治、合作协商的政治管理过程。这一理论反映了全球化的发展趋势,但其在发展实践和政治价值层面,都无法符合发展中国家多样化的政治经济条件和复杂的发展问题。

---

① Mark R. Thompson, *Pacific Asia after 'Asian Values': Authoritarianism, Democracy, and 'Good Governance' Third World Quarterly*, Vol. 25, No. 6, January 2004, pp. 1079 - 1095.

② [印度]哈斯·曼德、穆罕默德·阿斯夫编著,国际行动援助中国办公室编译:《善治:以民众为中心的治理》,知识产权出版社 2007 年版,第 2 页。

③ Jeffrey Sonnenfeld, *Good Governance and the Misleading Myths of Bad Metrics Academy of Management Perspectives*, Vol. 18, No. 1, February 2004, pp. 108 - 113.

④ Roland Hodler, Axel Dreher, *Development (Paradigm) Failures (with)*, *Journal of Development Economics*, Vol. 101, 2013, pp. 63 - 74.

20 世纪 90 年代末以来,中国学者开始进行治理理论和实践研究。中国学者的治理理论探索,吸收借鉴西方既有研究的基础,结合了中国本土的政治文化传统以及政治现实问题的因素,试图将善治发展为评价和引导政治发展的一个全面的标准。俞可平(2001)将中国古代的"善政"和西方治理理论中的"良好的治理"(good governance)结合起来,提出善治理论来解决治理失效问题。从抽象层面来讲,善治就是良好的治理,是政治国家和公民社会的一种新颖关系,旨在通过公私部门之间的合作管理和伙伴关系来促进社会公共利益的最大化。[①] 俞可平在此基础上,提出实现善治的十大基本要素,分别是合法性、法治、透明性、责任性、回应、有效、参与、稳定、廉洁、公正。[②] 李以所(2012)认为,最终善治的实现依赖于政府实施善政和公民对公共事务的参与和公私合作。[③]

姚大志(2015)进一步将善治发展为政府合法性的基础,使其与同意原则共同成为政府合法性的支点,并提出善治应具备实行法治、保护人权、实现社会正义、提高政府效率、社会功能多元化等五方面的条件。[④] 郭忠华则提出善治应包括建立政府与社会之间的合作型管理模式、建立政府与社会之间双向互动的网络型运作模式、建立以社会共识和认同为基础,充分发挥社会能动性和自主性的治理模式等三个方面的条件。并且,他还指出社会资本是善治形成的前提条件。只有在公民社会具有团结、合作、自主、信任的公共精神,具有高度的主体意识、权利意识和参与意识,具有广泛独立的民间组织和社会团体的前提下,才会产生政府与公民社会之间的良性互动关系。[⑤]

---

① 俞可平:《治理和善治:一种新的政治分析框架》,《南京社会科学》,2001 年第 9 期,第 42 页。

② 俞可平主编:《治理与善治》,社会科学文献出版社 2000 年版,第 6 页;俞可平:《增量民主与善治》,社会科学文献出版社 2005 年版,第 108 页。俞可平:《论国家治理现代化》,社会科学文献出版社 2014 年版,第 27—30 页。

③ 李以所:《论善治政府的基本内涵》,《理论导刊》,2012 年第 8 期,第 6 页。

④ 姚大志:《善治与合法性》,《中国人民大学学报》,2015 年第 1 期,第 53 页。

⑤ 郭忠华:《善治:中国的思考——以社会资本理论作为研究范式》,《理论与改革》,2003 年第 2 期,第 17—20 页。

值得注意的是,一方面,在同样面对经济全球化浪潮,以互联网、物联网为代表的信息技术革命突飞猛进,市场和政府双重失灵的危机背景下,西方善治理论与中国的现实政治发展具有相契合的方面。另一方面,受中国的特有国情等诸多因素影响,以善治为代表的西方治理理论也不可避免地同中国的政治实践出现一定的错位。改革开放之后,中国经历的经济发展与社会转型,正朝着市场经济和公民社会方向发展;但是,中国作为最大的发展中国家,仍然要依赖于政府在实现国际"追赶"和维持国内秩序和发展方面的主导作用。而且,中国坚持中国特色的社会主义道路,实现人民当家做主和依法治国有机结合。

正如王浦劬(2014)所言:"随着研究的深化发展,西方治理理论与中国本土治理理论的错位现象逐步凸显,国家发展和治理的实践表明,治理理论只有在本土化的基础上才能实现理想的重塑。"[①]中国特色善治理论的提出,进一步促进治理研究与中国政治实践的结合,实现了治理理论真正意义上的"本土化"。中国特色善治理论充分吸收了中国传统政治思想和当前政治实践的元素,提出"党领导人民有效治理国家"是国家治理的集中体现,具体表现为在中国共产党的领导下,遵循依法治国的基本方略,维护人民的根本利益,实现社会主义核心价值。习近平总书记指出:"国家治理体系是在党领导下管理国家的制度体系,包括经济、政治、文化、社会、生态文明和党的建设等各领域体制机制、法律法规安排,也就是一整套紧密相连、相互协调的国家制度。"在权威来源方面,中国特色善治理论坚持权力来源于人民,并为人民服务。在权力运行过程中,中国共产党实现了在各个领域的治理中发挥领导作用的同时,鼓励社会组织、企业和公民参与,推动各领域治理中的社会协同和公众参与。在治理机制方面,中国特色善治强调依法治国在行政和社会管理中的核心作用。中国特色善治理论将西方治理理论与中国本土化需求相结合,发展出一套符合中国政治现实和国际话语体系的政治理论。

① 王浦劬:《国家治理、政府治理和社会治理的含义及其相互关系》,《国家行政学院院报》,2014 年第 3 期,第 12 页。

第二节　法的价值理论[①]

一、关于价值的概念

王伟光教授主编的《新大众哲学》中系统分析了马克思主义价值理论。他指出:“所谓价值,就是在人的实践和认识活动中,人的活动所用的对象是否满足人的需要的一种关系,或者说,人的活动的对象对于人的生存和发展所具有的意义。价值可以分为两大类:一类是事务的价值,即事务作为人的对象对于人的价值。……一类则是人的价值,即人与人相互作用而形成的价值。……价值是一个关系范畴,它既离不开对象,也离不开人和人的需要等尺度,离不开人的主观评价。”[②]“在人们的社会生活中,最常见的事物价值大致可分为如下几种基本类型:第一类是功利价值,即对象满足人的物质性需要,对人的生存和发展有用、有利的价值。……第二类是指示价值,即所谓‘真’或求真的价值。……第三类是道德价值,即满足人们的道德需要的善恶的价值。……第四类是审美价值,即满足人们的审美需要的价值。……人的价值包含十分复杂的内容,大致可以概括为两个方面,即个人价值或自我价值和社会价值。个人价值是个体及其活动对于个体自身的价值,是人通过自己的活动满足自身的需要。……社会价值是个体及其活动对于社会的价值,是人通过自己的活动满足社会的需要。”[③]“价值具有鲜明的属人性或主体性。所谓价值的主体性,是指价值本身的特点直接与具体的人相联系。它

---

① 本书并不刻意区分法与法律,因此法的价值可视同于法律价值。

② 王伟光主编:《新大众哲学》(下卷),中国社会科学出版社、人民出版社 2014 年版,第 835—840 页。

③ 王伟光主编:《新大众哲学》(下卷),中国社会科学出版社、人民出版社 2014 年版,第 842—848 页。

直接表现和反映着具体的人的目的、利益、需要和能力。……价值的属人性和主体性具有鲜明的社会性，在阶级社会中具有阶级性。”①

二、关于法的价值的概念

在西方，对于法的价值的探讨采取的方式并不是追问“法的价值是什么”，因为在将“value of law”译成“法律价值”的过程中，就曲解了英语本身所要体现的研究内容，即并不是探讨法律价值而是通过法律所要追求的价值。作为对事物之价值、可追求的理想性的判断，这些因素往往都是一些观念或者普遍存在的原则，如国家安全、公民自由、公共利益、法律平等主要价值以及一些便利、统一、实用性等次要价值。② 对于上述这些价值的需求，考虑到法律规范性的作用及其稳定性的特点，通过法律记录并保障主体的这些价值追求有利于实现主体需求的客观化，即通过价值法律化的这一过程，主体需求被内化为法律要求，对此，不仅主体的行为都应按照法律所预设的人类价值追求而进行，而且主体可控的物质世界也应按照法律预先约定的方式而被运用。③ 在上述的过程中，通过价值法律化生产了“法律价值”和“法律的价值”两个不同的概念。

第一，在价值法律化的过程中，主体对于客体的价值需求被内化于法律中并就此成为法律价值。由于法律本身是客观存在的客体，主体的需求又受到社会历史客观条件的限制，此外法律和主体需求之间的满足关系也只有通过社会实践才能得以实现，因此，法律价值具有客观性。然而，作为认识，法律价值观是主体对于法律价值的基本看法，其不仅与主体认知和心理相关，同时也受到随着社会发展和时代变迁而发展和变化，因此具有主观性。④ 对于法律价值观而言，其根本的一个内容是对价值追求的取向判断，然后再以确认的价值

① 王伟光主编：《新大众哲学》（下卷），中国社会科学出版社、人民出版社 2014 年版，第 853、858 页。

② 曹翔：《“法律价值”含义的中西比较》，《南京社会科学》，1993 年第 2 期，第 82 页。

③ 谢晖：《价值法律化与法律价值化》，《法律科学》，1993 年第 4 期，第 3—5 页。

④ 杜飞进：《论法律价值观——法律价值问题再研究系列论文之二》，《学习与探索》，1994 年第 6 期，第 92—93 页。

作为尺度,进而判断客体有无价值,而这也是法律具有规范性的意义所在。[①] 可以说,所谓的法律价值差异,其真正所指的应该是不同主体的法律价值观中对于价值取向的差异。换而言之,诸如正义、公平、秩序、自由,都是随着社会发展而在满足主体对于自然和社会的合理需求中产生的价值,并随着法律的建立健全成为法律价值,但是由于社会发展和时代主题的差异,使得期间的主体认识,即法律价值观在价值取向上有所不同。

第二,当法律成为人类追求价值的一种手段后,法律本身又对主体产生了新的价值需求,如通过法律实现权利或者要求他人履行义务等。[②] 因此,法律价值的定性一方面需要考虑主体需求的合理性,同时也要考虑法律这一反映主体需求的客体的作用和功能及其本质。[③] 而后者与其说是法律价值,不如说是法律的价值,即人们对法律的价值需求,包括权利保护、义务履行和责任追究,而生产于主体运用、遵守和履行法律规范的行为中。[④] 作为客体,法律的特殊性在于其本身不是物质而是精神产品,因为其所反映的不是客观存在,而是社会规则和秩序的反映,即物化了的精神性客体。[⑤] 有鉴于此,就客体和目的性这一要求来说,法律的价值是指法律能够满足主体的需求,即借助法律这一社会规则解决个人与社会关系并在这一过程中展现法律价值。[⑥] 换而言之,法律的价值在于其所发挥的价值尺度的作用,即通过将其所反映的社会规则作为人类行为的衡量尺度,调整、理顺人与人之间的权利与义务关系,进而促进社会财物及其生产和分配的有序性。[⑦] 在此基础上,通过对法律的评价,法律所要达到

① 杜飞进:《论法律价值观——法律价值问题再研究系列论文之二》,《学习与探索》,1994 年第 6 期,第 92 页。
② 谢晖:《价值法律化与法律价值化》,《法律科学》,1993 年第 4 期,第 6 页。
③ 杨保军:《主体需要与法律价值》,《中外法学》,1991 年第 2 期,第 10—11 页。
④ 谢晖:《价值法律化与法律价值化》,《法律科学》,1993 年第 4 期,第 7 页。
⑤ 武步云:《论法律价值和法律的主体性》,《法律科学》,1989 年第 4 期,第 21—22 页
⑥ 曹翔:《“法律价值”含义的中西比较》,《南京社会科学》,1993 年第 2 期,第 78 页。
⑦ 武步云:《论法律价值和法律的主体性》,《法律科学》,1989 年第 4 期,第 20 页。

的目标、实现的程度及产生的社会效果对法律的价值作出判断。[①]

在中国,关于法的价值的思想自古有之,但是把法的价值作为专门研究的对象,还是近30年的事情,严存生、乔克裕、杜飞进、卓泽渊、孙国华、谢鹏程等诸多学者纷纷著书立说,将法的价值问题研究引向深入。刘爱龙(2009)总结指出,我国学者关于法的价值的研究主要包括如下几个领域:①法的价值的概念。②法的价值功能。③法的价值分类。④法的价值评价。⑤法的价值观念。⑥法的价值目标。⑦法的价值实现。[②]

目前,中国法学界对于法的价值概念的内涵已经达成共识。大家认为,法的价值是指法对于人的意义。例如,严存生(1991)指出:"法律价值标志着法律与人关系的一个范畴,这种关系就是法律对人的意义、作用或效用,和人对这种效用的评价。"[③]卓泽渊(1999)指出:"法的价值是以法与人的关系作为基础的,法对于人所具有的意义,是法对于人的需要的满足,也是人关于法的绝对超越指向。"[④]孙国华、何贝倍(2001)指出:"法的价值就是法这个客体(制度化的对象)对个人、群体、社会或国家的需要的积极意义和一定的满足。"[⑤]

可见,法作为人类记载和保障追求价值的方式,其自身价值一方面在于将人类所要追求的价值确立为自身的价值与目标,而这一价值法律化的体现就是人类需求及其利益在法律规范中的体现。另一方面,法律在实施的过程中也要对这些需求和价值做出回应,如对权利的保障、对责任的追究,在这一过程中法律的价值是指所能实现的程度。法有无价值、价值大小,主要取决于该法能否满足人的需求,以及满足这种需求的程度。在这个意义上,法是客体,人是主体,因此,主体性是法的价值的基本属性。概言之,法的价值是随着作为法

---

① 严存生:《法律价值——概念的法哲学思考》,《当代法学》,1988年第3期,第74页。

② 刘爱龙:《法理学三十年之法的价值问题研究评述》,《北方法学》,2009年第1期,第141页。

③ 严存生:《法律的价值》,陕西人民出版社1991年版,第28页。

④ 卓泽渊:《法的价值论》,法律出版社1999年版,第10页。

⑤ 孙国华、何贝倍:《法的价值研究中的几个基本理论问题》,《法制与社会发展》,2001年第4期,第21页。

的主体——人的需要不同而有不同的。

三、关于法的价值的内容体系

在西方,英国学者彼得·斯坦和约翰·香德对西方社会的法的价值做了深入的研究。他们认为,法的基本价值是法的首要目的,其他价值永远会被考虑在法律之内,但是这种考虑并非法律的首要目的。他们指出,西方法律价值制度的基本价值包括三个:秩序、公平和个人自由……同时,法律所存在着的价值,并不限于秩序、公平和个人自由这三种。许多法律规范首先是以实用性、以获得量大效益为基础的,简言之,即使个人付出的代价减少到最低的限度。……与三种基本价值相比,实用性(效益)的层次则稍低一些。他们同时指出,在(法的)价值体系的另一端,是那些法律所无能为力的内容。例如仁慈,爱等。[①] 彼得·斯坦和约翰·香德进一步指出,实证主义法学派特别强调社会秩序的重要性;自然法学派则始终将法律与公平联系在一起;自然法学派的一个分支——自然权力学派将着眼点放在人上,而不是放在整个社会上,认为法的作用在于表明社会承认个人可以做什么(个人自由)。[②]

在中国,卓泽渊关于法律价值的研究比较深入,其观点具有一定的代表性。他指出:“法的价值体系,在一定意义上也被人们理解为法的价值准则体系。法的价值中包含若干价值准则。如秩序、自由、平等、人权、民主、法治、权利、正义、人的全面发展等。这些价值准则体系中,各个价值准则之间有其内在的联系。他们既有层次差异、分别独立,又交互作用、相互辅助,共同整合形成完整、统一的价值体系。这些准则之间的层次差异是客观存在的。但是,我并不认为他们之间会有抽象的、严格的等级分野或者划分。”[③]卓泽渊进一步认为:“从法的价值分类的角度考察,法的价值体系包括多种结构形式,

① [英]彼得·斯坦、[英]约翰·香德著,王献平译:《西方社会的法律价值》,中国法制出版社 2004 年版,第 2—4 页。

② [英] 彼得·斯坦、[英]约翰·香德著,王献平译:《西方社会的法律价值》,中国法制出版社 2004 年版,第 9—17 页。

③ 卓泽渊:《法的价值论》,法律出版社 1999 年版,第 47—48 页。

法的价值体系由多重元素以多种方式构成。按照法的价值的内部类别划分,法的价值至少有以下的构成情形:个人价值、群体价值、社会价值和人类价值;物质价值和精神价值;规范价值和社会价值;手段价值和目的价值(也可称为工具价值和目的价值);指引价值、预测价值、评价价值、制裁价值和教育价值;正价值、零价值和负价值;表面价值、潜在价值、现实价值、未来价值和预期价值;秩序价值、文明价值、理性价值、自由价值、平等价值、人权价值、权利价值、民主价值、法治价值、正义价值、人的全面发展价值等。"①

四、法的三个基本价值

(一)秩序是法的基础价值

中国思想家认为,"秩序"一词所指称的最高境界是"和谐","即事物及其要素之间的配合,已经非常默契的境界,而且充分完全地实现了合规律与合目的的统一;同时,在和谐的秩序状态下,个体无论怎样怪异地行动,不仅不会有损于和谐,而且本身就是对和谐的体现,也即所谓'随心所欲不逾矩'、'无法而法'的状态"。② 西方思想家如柏拉图的"理想国"中的秩序是和谐统一的,呈现出基于自然禀赋的分工秩序。③

正如英国哲学家霍布斯所指出的那样:"独立的个人为摆脱'人自为战'的混乱状态,相互缔结契约,形成社会秩序"。④ 通常,"社会秩序具有双重性。一方面,作为社会的、人为的秩序,它必然与人们有意识、有目的、甚至是情绪化的活动联系在一起,是人们在其行动和互动过程中创造出来的,必须反映作为主体的人的需要、愿望、情感和意志;另一方面,作为世界秩序的一部分,社会秩序又必须寓有意于无意之中、寓人为于自然之中、寓目的于规律之中,应当是合目

① 卓泽渊:《法的价值论》,法律出版社1999年版,第49页。

② 秦杨、邹吉忠:《试论社会秩序的本质及其问题》,《西南民族大学学报》,2003年第7期,第153页。

③ 周丽娜:《柏拉图理想秩序观及当代价值探析》,《重庆理工大学学报》(社会科学),2014年第2期,第89页。

④ [英]霍布斯:《利维坦》,商务印书馆1985年版,第9—10页。

的与合规律的统一”。[1] 不同的社会结构、文化背景、经济发展状况对秩序的要求也是各不相同的。

其中,法作为社会秩序外在强制力的行为规范,其在历史的缘起方面就与秩序有着天然的关联,并且就一定程度上而言其本身就是一种秩序的外化形式。例如,在原始社会里,生产资料是公有的,产品实行平均分配,个人与集体浑然一体。在这种社会环境下,社会公众的利益基本一致并且只需依靠历史上传承下来的习惯或习俗就可以把社会经济关系调整处理妥当。因而,就法律规范的起源而言,这些习惯和习俗本质上就是一种社会规范,规制着原始社会中人们的行为以及社会的秩序。

随着公有制的解体,私有制的产生,出现了各种不同形式的所有制。各个不同利益的社会集团为了自身利益而进行着保护一种所有制而反对另一种所有制的斗争,这就使社会的经济秩序陷入冲突之中。为了解决这种冲突,不至于使社会陷入混乱和无序,就需要一种在表面上凌驾于各个阶级之上的力量,来制定一系列规则,把这种冲突控制在秩序范围内,这种规则就是法律。[2] 正如孟德斯鸠所言:“人类互相之间的战争状态,并不符合人之本性,人类有着追求和平的愿望。为了避免和限制战争状态,就需要制定法律,以此来维持社会的秩序。”[3]

因而,作为法的秩序价值,其核心本质在于为社会的整体秩序以及国家机器的有效运转提供了规范性的标准和制度性的框架,即不仅给社会公众和全体成员提供了一种和谐、一致、有序和可预期的社会氛围,从而使社会关系达到稳定、有序的状态,而且也为法律自身的存在发展以及法的其他价值的实现提供了必要的条件和夯实的基础。借此,如果说法律自由价值着重于强调法律在微观上对个体权利的维护,那么法的秩序价值则更侧重于法律制度宏观上对社会整

① 秦杨、邹吉忠:《试论社会秩序的本质及其问题》,《西南民族大学学报》,2003 年第 7 期,第 153—154 页。

② 甘雨沛:《比较刑法学大全》,北京大学出版社 1997 年版,第 527 页。

③ [法]孟德斯鸠:《论法的精神》(上册),商务印书馆 1963 年版,第 200 页。

体稳定状态的保障。申言之，作为法律价值目标的秩序有三重含义，即维持社会既定秩序、恢复遭受破坏的社会秩序以及以程式化的方式规范国家刑罚权等公权力运作的秩序。

1. 维持既定的社会秩序。

社会秩序良好的一个重要特征和主要标志就是人们行为可预测性、规则的确定性以及社会的互动关系。很多学者都非常重视秩序这一功能对于法律的意义和价值，正如哈特维克所言："确定性是和谐之母，因而法律的目的就在于确定性。"[①]拉德布鲁赫更直接地指明了法的确定性是法的基本的乃至首要的功能：法律秩序的存在要比法律的正义和功利更为重要。正义和功利构成法律的第二位主要任务，而所有人平等同意的第一位任务则是法律确定性，即秩序与和平。[②] 苏力则指出："从社会学的角度来理解法律，我们可以发现，法律的主要功能也许并不在于变革，而在于建立和保持一种可以大致确定的预期，以便利人们的相互交往行为。"[③]可见，法律的秩序价值更多侧重于为社会关系提供稳定性、一致性、连续性、可预知性等，即为人类提供秩序化的、有序性的生存和发展环境，使公众在社会生活中可以有目的、有预见地行动，并以此建立起相互信任的社会互动关系。

具体而言，在司法实践中，以实现秩序稳定为功能的法律必须是规则与权力的结合，并以可预测性、明确性和强制性为其属性。其中，"法的可预测性，就是社会成员根据法所提供的标准，可以预测到国家对自己行为抱什么态度。合法行为，国家予以支持和保护，违法行为，国家就要给以制裁。从而使人们知道应遵守什么，避免什么，禁止什么，以利于维护统治阶级的社会关系和社会秩序"。[④] 法的明确性则是法的可预期性的外化条件，其要求法律规范必须力求明白

① 转引自［美］博登海默著，张智仁译：《法理学：法律哲学和方法》，上海人民出版社1992年版，第293页。

② 转引自［美］格伦顿等著，米健等译：《比较法律传统》，中国政法大学出版社1993年版，第155页。

③ 苏力：《法治及其本土资源》，中国政法大学出版社1996年版，第7页。

④ 刘光显、王界凯：《法律常识问答》，《求实》，1986年第1期，第65页。

清晰,避免规范的相互抵触、矛盾,尽可能减少疏漏。最后,法的强制性是指,对社会越轨行为的立法设定行为模式不仅应该是强制性的,而且相应法律后果的执行也应当是强制性的。依据功利主义的法律观[①],法律规范特别是刑事制裁刑罚目的主要在于预防犯罪,即通过行为模式和法律后果的设定和执行,不仅惩罚并消除犯罪行为人继续维护社会的犯罪可能,更重要的还在于由法律制裁的强制性和必然性所引起的犯罪震慑作用,使潜在的犯罪人因畏惧法律的制裁而不敢实施社会越轨等不法行为,从而在最大程度上保障原有的既定社会秩序得以维护和遵守。也就是说,凡是破坏社会秩序的行为人都要受到法律的惩处,并且刑罚的措施和量刑的幅度并不仅仅是抽象的法条,而是可预测、确定和强制性的,以此促进社会公众遵循法律规范并在最大程度上将人类生活导向确定化和有序性。

2. 恢复受到破坏的社会秩序。

"社会不仅是一个稳定的、有机统一的结构,更是一个社会主体之间相互作用、相互制约、相互挤压的博弈过程,社会的秩序体现为社会主体遵守社会生活公共规则的状态,社会行为的规则性是整个社会有序性的必要条件和基本标志。"[②]相反,要是所有的社会主体都不遵守规则,社会越轨行为大量存在,并且受到破坏的社会秩序得不到及时修补和恢复,井井有条、和谐有序的社会生活显然无法保障和维系。正是因为如此,法律秩序的价值和功能就在于通过法律制度的刑罚权对违法行为人实施法律制裁,以此实现"违法者应受到制裁和惩罚"的朴素刑罚正义观念。申言之,一方面,通过刑事司法的审判、刑罚措施的执行以及刑事附带民事的赔偿或财产的追回和返还,恢复和修补被犯罪违法行为所破坏的原有社会秩序;另一方面,通过制度性的"理性报应",对被侵害人在物质和精神上给予补偿和抚慰,

---

① 功利主义刑罚观认为,刑罚存在的根据,并不在于它能满足抽象的社会公正观念,而在于功利,即通过惩罚犯罪人可以给社会带来一定的实际利益,其集中表现便是预防犯罪。

② 秦杨、邹吉忠:《试论社会秩序的本质及其问题》,《西南民族大学学报》,2003 年第 7 期,第 154 页。

以防止因私立救济的不当而给社会秩序造成“二次破坏”。众所周知,在社会生活中,如果被侵害人无法得到有效救济或补偿,特别是在受害人内心的愤懑和伤害不能得到宣泄和抚慰的情形下,就可能发生“犯罪反转”即受害者将这种不满和愤怒转嫁给整个社会,从而给整个社会秩序造成难以预期的损害与后果。

正是基于这种考虑,人类社会自古都特别重视和强调对被侵害和破坏的社会关系的修补和恢复。例如,无论是血亲复仇还是同态复仇,都是原始社会时期的普遍习俗和朴实正义观念,并承担着维持社会正义与稳定的重要职能。氏族部落成员遭到外来伤害时,受害者给对方以同等的报复,以命偿命,以伤抵伤,加害者氏族或部落必须交出惹祸人,以求得整个氏族或者部落的集体安全和社会稳定。[①]

报应刑罚理念正是从原始的同态复仇和血亲复仇中发展演变而来。申言之,在报应正义的刑罚理念中,黑格尔运用“否定之否定”规律,认为刑罚是对否定法律的犯罪的再次否定,以使法律恢复原状,这实际上就是刑罚目的,即使受到侵害的法律秩序得以恢复。[②] 也就是说,违法犯罪行为是刑罚适用的主要动因,刑罚是犯罪的必然结果,是惩罚犯罪的重要手段。刑罚通过惩罚犯罪,使受到犯罪侵害的社会关系和社会秩序得以“修补”,社会公正和公平理念得以彰显和弘扬。

3. 以程式化的方式规范国家刑罚权运作的秩序。

如上所述,刑罚权是维护社会秩序和修补社会关系的制度保障和重要前提,然而作为国家权力的刑罚权,其运转规范本身实质上也是一种社会秩序的重要组成部分。“徒法不足以自行”,刑事实体法本身是无法自动贯彻和执行的,其需要借助法律规范中权利和义务的落实来实现法律对社会关系的调整和维护。然而,刑罚权在实施过程中如果被滥用,国家随意地立案、逮捕、拘留、审判或科刑,同样也是对社会秩序的破坏和践踏,而且是源头上最为严重和危险的破坏。因而,在刑罚权的行使和社会关系的恢复过程中,法律的实施必

① 陈晓枫主编:《中国法律文化研究》,河南人民出版社 1993 年版,第 313—314 页。

② 马克昌主编:《刑罚通论》,武汉大学出版社 1996 年版,第 34—35 页。

须要遵守一定的程序规范要求。

从历史溯源上看，虽然不同历史阶段对于同态复仇的程序设置不尽相同，但是有一些典型的程序要求是必须遵守的。例如，复仇必须具备公开性、透明性，在原始社会时期，人们以氏族、部落为单位生活，一个部落的人想进行同态复仇往往需要告知对方部落，并且要求对方部落将实施侵害行为的人交出，复仇的方式和过程也经常是公开透明的，以防止复仇的肆意性。而在法律出现后，在法律规定下的同态复仇对于程序性要求更加严格，比如设置专门的机构对复仇进行登记，如西周时的朝士，只有登记了仇人的姓名以后，杀仇人才被视为无罪，同时也有法律规定复仇必须是在官府的主持下公开进行。[①] "通过刑事司法这种程式化的责任追究活动，使违反维系社会秩序底线规则的人得到应有的惩罚，使每一个社会成员都依据既定规则行事，同时使刑罚权得以有序地运作，从而最终达到使社会秩序得以延续的目的。"[②]借此，由严苛的程序规定来规范和制约国家刑罚权的运转秩序就尤为必要，而这恰是以维护社会秩序为核心的法律制度所存在的重要价值之一。国家法律制度规范刑罚权的重要目的就在于防止执法肆意与司法擅权，使追诉和惩罚犯罪在社会秩序的理性框架之内进行，以此保障国家以一种制度性和程式化的方式去维护社会秩序的和谐与稳定。

综上所述，在法律规范和法律制度的秩序价值目标中，其蕴含的内在逻辑结构就在于，通过法律规范结构中对人们行为模式的设定，使社会公众有效预期与合理安排自己的行为活动，使每一部分都安置在最合适的地方；同时，通过强化和规范刑罚权的程式化运作，将国家刑罚权的实施纳入到程序规则的轨道之中，从而在源头上保障法律的秩序价值与秩序功能的实现。

① 参见陈晓枫主编：《中国法律文化研究》，河南人民出版社 1993 年版，第 310 页。

② 杨宇冠：《论刑事司法制度的基本价值目标：自由与秩序》，《广东社会科学》，2012 年第 2 期，第 226 页。

（二）正义是法的底线价值

谈到正义的问题，学者们必然会引用博登海默的名言："正义有着一张普洛透斯似的脸，变化无常、随时可呈不同形状并具有极不相同的面貌。"[①]这句名言的意思也已经为人们所熟知，即不同的人对于正义的形态、含义、特点等认识存在着诸多的差异。之所以有这样众说纷纭的现象是因为与正义相关的概念是一组关联的概念群，或者说概念家族，其包含着 justice（中文一般译作"正义"或"公正"）、right（"正当"或"正义"）、fairness（"公平"）、impartiality（"不偏不倚"或"公正"）等语词。对于这些相近似的概念，有的学者会将他们当同义词交替使用，对此，并不仔细区分它们的差别。[②] 有的学者却指出，正义观之所以争执不下的一个主要原因就是混淆了正义、公正和公平的概念。[③] 在争议中，即便没有一致性的共识，但有关正义的内容或主题（什么是正义）、正义的作用（为什么要追求正义），以及如何实现正义的探讨，对于我们结合当代的社会发展，如何通过法律价值的取向来回应有关正义的诉求，还是富有启发意义的。

1. 作为公平的正义。

罗尔斯非常强调公平在正义理论中的重要性，他在其代表作《正义论》开宗明义就提出一种作为公平的正义理论。他将在洛克、卢梭、康德那里发现的"契约论"上升到一个更高的抽象水平——看待正义原则的方式，并把这种方式称之为"公平的正义"。在公平的正义中，平等的原始状态相应于传统的社会契约理论中的自然状态……这一状态的基本特征是：没有人知道他在社会中的地位——无论是阶级地位还是社会出身，也没有人知道在先天的资质、能力、智力和体力方面的运气。甚至假定各方并不知道他们特定的善的观念或他们的特殊的心

① ［美］博登海默著，邓正来译：《法理学：法律哲学与法律方法》，中国政法大学出版社2004年版，第261页。

② 徐大建：《西方公平正义思想的演变及启示》，《上海财经大学学报》，2012年第2期，第3—10页。

③ 王桂艳：《正义、公正、公平辨析》，《南开学报》（哲学社会科学版），2006年第2期，第134—140页。

理倾向。正义的原则是在一种无知之幕(veil of ignorance)后被选择的。[①] 在这里,罗尔斯假设人们都处于“无知之幕”之后达成一种公平的契约,那么所产生的也必将是公平的结果,而不论无知之幕揭开之后,是否感觉不公。

罗尔斯进一步提出正义的两个原则:①每一个人对于一种平等的基本自由之完全适当体制(scheme)都拥有相同的不可剥夺的权利,而这种体制与适于所有人的同样自由体制是相容的。②社会和经济的不平等应该满足两个条件:第一,它们所从属的公职和职位应该在公平的机会平等条件下对所有人开放;第二,它们应该有利于社会之最不利成员的最大利益(差别原则)。第一原则优先于第二个原则;同样在第二个原则中,公平的机会平等优先于差别原则。[②] 在此基础上,罗尔斯指出,作为公平的正义是一种政治的正义观念包括一个核心理念:社会作为一个时代相继的公平的社会合作体系的理念;和两个基本理念:①公民(那些从事合作的人们)作为自由和平等的人的理念。②一个秩序良好的社会的理念。[③]

党的十八届四中全会提出“公正是法治的生命线”的重大理论创新命题,深刻揭示了公正对于法治的极端重要性,只有坚持公正原则,才能使得改革开放的成果真正惠及全体人民。公正也因此被视为是保障政府公信力、法律公信力的最后底线,所以作为公正的正义是法律的底线价值,是法的最后的价值。

2. 为了人民更好的生活。

对于为什么要追求正义,可以追溯到古希腊时期有关“人应当怎么生活”的反思。对此,柏拉图和亚里士多德的探讨思路是建立在目的论的基础之上的,即认为万物都有自己的本质或目的,并为此前进

---

① [美]约翰·罗尔斯著,何怀宏等译:《正义论》,中国社会科学出版社1988年版,第11—12页。

② [美]约翰·罗尔斯著,姚大志译:《作为公平的正义——正义新论》,中国社会科学出版社2011年版,第56页。

③ [美]约翰·罗尔斯著,姚大志译:《作为公平的正义——正义新论》,中国社会科学出版社2011年版,第12页。

以实现这一本质或目的。在这个方面,对于“人应当怎样生活”的问题也就是一个人怎样实现或完善自己的本质的问题。由于古希腊人认为人的真实存在或本质是理性,因此人应当追求的至善或幸福便在于理性的实现或完善而不在于物质欲望的满足,而理性的实现或完善则在于合乎理性的生活方式。至于理性的判断,就是“正义”。①

尽管马克思有关正义思想也依循了上述的观点,即其基于“人的自我实现”的正义观对应了“一种准亚里士多德式的关于人类的美好生活的理想”,但由于马克思所理解的人不是出在某种虚幻的离群索居和固定不变状态中的人,而是出在现实的、可以通过经验观察到的、在一定条件下进行的发展过程中的人,因而,他实际上是将正义之思与现实的生产方式和具体的历史背景结合起来,而不是抽象地来引申出一套正义的标准和规则,正义由此也被解释成一个实践性和历史性的范畴。正义的实现不能依靠纯粹概念的演绎与传播,而要依靠人们具体的、现实的改造生活世界的历史行动和实践活动;正义不是在分离现实与理想、实然与应然、事实与价值的基础上提出的规范,而是在将它们融为一体的基础上厘定的价值。②

因此,可以这样理解马克思主义的正义观:一切对人民有利的,一切为了人民更好地生活的活动都是正义的。在社会发展过程中,当人民的生活陷入困苦、陷入困境,那么曾经被大多数人认同的正义观也便会发生危机,而新的正义观正在孕育当中。

3. 正义如何实现。

就如何实现正义而言,在哈贝马斯看来,正义的实现应该是在对话、协商、交流和谈判过程中达成。正因为如此,哈贝马斯的正义理论是从他的交往行为理论框架中衍生出来的,且正义理论的演变与他的交往行为理论的完善是一致的,即当交往行为理论经历了从注

---

① 徐大建:《西方公平正义思想的演变及启示》,《上海财经大学学报》,2012 年第 2 期,第 3—10 页。

② 李佃来:《论马克思正义观的特指》,《中国人民大学学报》,2013 年第 1 期,第 27—36 页。

重理论构建到思考现实制度条件的转化，相应的，其正义理论也经历了从理想化色彩较浓的概念阐述、推理到改革建制方式的而演变。换而言之，他将正义的实现寄托在包含事实有效性和规范有效性的法律建制中，借助法律规范能够引导又不取消利己动机的特殊功能，为正义观念的实践提供真实的基础。① 在这个方面，为了达成共识，需要设置对话规则。概括来说，公平的对话规则一共有三条：①每一个具有言语和行为能力的主体都应该被允许参与对话。②A. 每一个人都被允许对任何主张提出疑问。B. 每一个人都被允许在对话中提出任何主张。C. 每一个人都被允许表达其态度、欲望和需要。③不允许以任何内在的或外在的强迫方式阻止言说者履行其由第一条和第二条所规定的权利。对此，哈贝马斯寄希望于程序的正义，即通过对话规则为人们进行道德辩论提供公平的标准。②

实际上，正义的实现，不仅仅是要求作为个体的人树立科学的正义观、价值观的问题，解决人们的交往问题，最根本的还是要解决人们的生活、发展等民生问题。在我们社会主义中国，中国特色社会主义法治要求“我们必须努力去建立一种适合工人阶级和广大人民群众利益的制度，而这种制度也必须是适合生产力发展的制度，有了这样的制度才能解决民生问题。……民生问题是形成相应正义观、价值观的基础，而相应的正义观、价值观的形成，是维护一定的公平正义的实体（一定的社会关系、利益关系）的必要条件。二者缺一不可”。③

（三）自由④是法律的核心价值

1. 自由根源于人性。

在西方，关于自由有不同的传统，即与洛克相联系的“现代自由”

---

① 周小玲：《正义从理想到现实的转化：哈贝马斯争议理论的演进》，《武汉科技大学学报》（社会科学版），2008 年第 4 期，第 42 页。

② 孙咏：《论述罗尔斯、哈贝马斯和马克思的正义观——探讨建设社会主义和谐社会价值的核心机制》，《哲学研究》，2007 年第 10 期，第 44 页。

③ 孙国华：《法的正义逻辑》，《江淮论坛》，2012 年第 5 期，第 7 页。

④ 值得注意的是，本书仅仅是从学理的视角讨论西方学界关于自由作为一种法律价值的相关问题，并不涉及“自由主义”“新自由主义”。

传统和与卢梭相联系的“古代自由”传统。两者间的区别在于，前者强调个人的思想和良心自由，强调个人的基本权利和财产法则。而后者更强调平等的政治自由和公共生活的价值。[①] 英国哲学家赛亚·伯林传承这种传统，将自由分为消极自由和积极自由两类不同概念。消极自由的定义为“不受他人的干涉”（the absence of interference by other humanagent），而积极自由包含三层含义：①自由是每个人平等地拥有参与民主政治和分享统治权力的机会。②个人能够按照自己所确立的理性目标生活。③“理性”或朝向理性的生灵所必会追求的目标对个人行动的专制。[②]

哈耶克发展了伯林的消极自由的概念。哈耶克主张，自由意味着强制之不存在，这种强制仅指来自人力的强制，物理环境和经济条件虽然可能在一定程度上限制个人的“选择范围”，但因它不具有迫使某人改变自己意志而服从他人的主观“意图”，所以不能构成强制。由此可见，因此哈耶克的自由观所涉及的是人与人之间的关系，排除了经济条件的内涵，只是一种政治法律关系。[③]

陈福胜（2006）详细梳理了西方历史上的两种自由观的发展脉络后分析指出，西方历史上出现的两种自由观有着深层次的人性根源，与人的两种本能倾向相关。与主张消极自由相关的是人的防御性本能；与主张积极自由相关的是人的支配性本能。[④]

2. 自由是法治产生的渊源。

马克思认为：“自由确实是人的本质，因此就连自由的反对者在反对自由的现实的同时也实现着自由。”[⑤]这表明，在马克思看来自由是人的本质与自由是人的本性是相互联系的。而且他还指出，自由不仅

---

① 陈福胜：《法治：自由与秩序的动态平衡》，法律出版社 2006 年版，第 66 页。

② 李石：《消极自由与积极自由辨析——对以赛亚·伯林“两种自由概念论”的分析与批评》，《云南大学学报》，2008 年第 6 期，第 53—56 页。

③ 邵春霞：《法治下的自由——哈耶克自由观评述》，《学术月刊》，2010 年第 5 期，第 12—14 页。

④ 陈福胜：《法治：自由与秩序的动态平衡》，法律出版社 2006 年版，第 109 页。

⑤ 《马克思恩格斯全集》（第 1 卷），人民出版社 1995 年版，第 167 页。

存在于个人内心之中，真正理性的自由还存在于法律规范中，“法典就是人民自由的圣经”，可见在马克思看来，自由与法治的关系紧密。

既然自由是人的本性，那么在自由的精神的指导下，人们选择的一种生活方式必然是出于自由的本性。从这个意义上讲，自由是法治产生的渊源，这是自由作为法治核心价值的重要特征。黑格尔认为，法是“自由的定在”，即自由是法的本质。“自由就构成法律的实体和规定性。”[①]马克思认为：“法律是肯定的、明确的、普遍的规范，在这些规范中自由的存在具有普遍的、理论的，不取决于个别人的任性的性质”。[②] 可见，马克思认为，以法律形式存在的自由才是普遍的自由。

杨昌宇（2006）通过详细分析法治与自由的关系后总结提出：“西方法治是以人的自由精神为底蕴的，是在人与自然的分化过程中塑造了人的群体性精神，在人的发展过程中锻造出了自己的法治。这一发展是以人本身所具有的自由精神为前提，自由精神可以使人批判、反思、创造、超越自身，寻求更为理想的合乎本性的生活。”[③]简单来说，即法治孕育于自由之中，为了实现自由，人们选择法治；因此实施法治所追求的核心价值也必然是给人们带来自由。

3. 自由的限制原则。

自由是法治的核心价值并不意味着自由是不受限制的，康德就曾提出“自由即自律”的命题。之所以对自由要进行必要的限制，那是因为，与法律的其他价值相比，自由的内容更多的是一种权利。而权利往往不是孤立的存在，权利与义务、权利与责任一般是相伴而生，这也决定了个人的权利需要得到保护，同时个人权利也不能无限膨胀，也需要加以必要的限制。从这个意义上讲，自由既需要被保护也需要被限制。即便是作为激进自由主义者的密尔也认为自由是需要限制的。密尔强调个人自由，强调个性发展，并且认为完全的个人自由和充分的个性发展不仅是个人幸福所系，而且是社会进步的主

---

① ［德］黑格尔著，范扬、张企泰译：《法律哲学原理》，商务印书馆 1996 年版，第 10 页。

② 《马克思恩格斯全集》（第 1 卷），人民出版社 1956 年版，第 71 页。

③ 杨昌宇：《自由：法治的核心价值》，法律出版社 2006 年版，第 50 页。

要因素之一；但是，密尔在其代表作《论自由》中提出两条格言：“第一，个人的行动只要不涉及自身以外什么人的利害，个人就不必向社会负责交代。他人若为着自己的好处而认为有必要时，可以对他忠告、指教、劝说以至远而避之，这些就是社会要对他的行为表示不喜或非难时所仅能采取的正当步骤。第二，关于对他人利害有害的行动，个人则应当负责交代，并且还应承受或是社会的或是法律的惩罚，假如社会的意见认为需要这种或那种惩罚来保护它自己的话。”① 抛开密尔所处的阶级立场，他的这两句格言本身表明，个人自由所能合法适用于社会是有限制的。

还是因为自由是法治核心价值，因此对于自由的限制是有原则的。陈福胜（2006）提出限制自由应当遵守正当性原则、保障自由原则和最低性原则。正当性原则的基本精神是：①限制自由必须应有明确的法律依据；②法律依据本身具有正当性。保障自由原则的主要内容是：①对自由限制的最大极限是不能剥夺自由；②对自由的限制应以消除自由为基准；③对自由的限制应以不妨碍自由的实现为主要指标。最低性原则，即尽可能小的限制个人自由。②

第三节　中国特色社会主义法治理论

一、中国特色社会主义法治理论的科学定位

《中共中央关于全面推进依法治国若干重大问题的决定》提出全面推进依法治国的基本方略。全面推进依法治国的总目标是建设中国特色社会主义法治体系，建设社会主义法治国家；具体路径是在中国共产党领导下，坚持中国特色社会主义制度，贯彻中国特色社会主

① ［英］约翰·密尔著，许宝骙译：《论自由》，商务印书馆 2015 年版，第 112 页。

② 陈福胜：《法治：自由与秩序的动态平衡》，法律出版社 2006 年版，第 105—108 页。

义法治理论，形成完备的法律规范体系、高效的法治实施体系、严密的法治监督体系、有力的法治保障体系，形成完善的党内法规体系，坚持依法治国、依法执政、依法行政共同推进，坚持法治国家、法治政府、法治社会一体建设，实现科学立法、严格执法、公正司法、全民守法，促进国家治理体系和治理能力现代化。习近平总书记在《关于〈中共中央关于全面推进依法治国若干重大问题的决定〉的说明》中进一步强调，中国特色社会主义法治理论是中国特色社会主义法治体系的理论指导和学理支撑，是全面推进依法治国的行动指南。贯彻中国特色社会主义法治理论与坚持党的领导、坚持中国特色社会主义制度等三个方面都是中国特色社会主义法治道路的核心要义。可见，中国特色社会主义法治理论在全面推进依法治国中处于核心地位。王乐泉(2015)提出，中国特色社会主义法治理论的科学定位可以从三个方面来把握："第一，中国特色社会主义法治理论是中国特色社会主义理论体系的重要组成部分；第二，中国特色社会主义法治理论是人类法治文明的最新成果、最高成就；第三，中国特色社会主义法治理论是对中国法治实践的理论表达。"①

从中国特色社会主义法治理论的定位中可以看出，中国特色社会主义法治理论是马克思主义法学基本原理在中国特色社会主义建设实践中的新的发展。付子堂、朱林方(2015)提出："所谓中国特色社会主义法治理论，是马克思主义关于社会主义法治建设的基本原理与当代中国社会主义法治建设实际相结合的结晶，是从社会主义现代化建设事业的现实和全局出发，总结中国法治实践经验，汲取中国传统法治文化精华，借鉴国外法治合理元素，围绕如何建设社会主义法治国家这一核心问题而形成的知识系统。"②

---

① 王乐泉：《坚持和发展中国特色社会主义法治理论》，《中国法学》，2015 年第 5 期，第 5 页。

② 付子堂、朱林方：《中国特色社会主义法治理论的基本构成》，《法制与社会发展》，2015 年第 3 期，第 18 页。

二、中国特色社会主义法治理论的内容体系

如上文所述,中国特色社会主义法治理论的具体内容是与中国特色社会主义建设实践紧密联系在一起的,是我们党依法治国的历史经验积累。王乐泉(2015)基于改革开放以来中国法治建设取得的优秀成果,将中国特色社会主义法治理论的内容概括为十四个重大的原创的理论观点:"一是社会主义民主制度化、法律化、程序化的理论;二是依法治国,建设社会主义法治国家的理论;三是党的领导、人民当家做主、依法治国有机统一的理论;四是依法治国和以德治国相结合的理论;五是党法一致、依法执政、依宪执政的理论;六是推进法治中国建设的理论;七是深化司法改革的理论;八是国家治理体系和治理能力现代化理论;九是中国特色社会主义法治体系理论;十是良法善治理论;十一是改革与法治关系理论;十二是法治思维、法治方式理论;十三是从严治党、依法反腐的理论;十四是国际关系民主化、法治化的理论。"①

莫纪宏(2015)坚持从分层次、分步骤、分阶段、有目标地分析中国特色社会主义法治理论的内容体系,他指出:"根据法治理论的存在形式和功能,社会主义法治理论体系可以分为社会主义法治核心价值体系、社会主义法治观念体系、社会主义法学理论体系、社会主义法治教育体系、社会主义法治科学研究和宣传体系、社会主义法律知识体系和社会主义法律意识体系。其中,社会主义法治核心价值体系是社会主义法治理论体系的灵魂和核心,其基本理论来源是社会主义核心价值观,其表现形式是社会主义民主政治观、社会主义法治观、社会主义人权观、社会主义公平正义观以及依宪治国、依宪执政的社会主义法治价值观。"②

---

① 王乐泉:《坚持和发展中国特色社会主义法治理论》,《中国法学》,2015 年第 5 期,第 7—10 页。

② 莫纪宏:《从法律体系到法治体系》,《河南工业大学学报》(社会科学版),2015 年第 2 期,第 56 页。

三、中国特色社会主义法治理论的本质属性

2015 年 2 月 2 日，习近平总书记在省部级主要领导干部学习贯彻十八届四中全会精神全面推进依法治国专题研讨班开班式上发表重要讲话时指出："我们要坚持的中国特色社会主义法治道路，本质上是中国特色社会主义道路在法治领域的具体体现；我们要发展的中国特色社会主义法治理论，本质上是中国特色社会主义理论体系在法治问题上的理论成果；我们要建设的中国特色社会主义法治体系，本质上是中国特色社会主义制度的法律表现形式。"具体而言，全面理解中国特色社会主义法治理论的本质属性，需要从如下五个方面把握。

（一）必须坚持党的领导

党的十八届四中全会决定指出，党的领导是中国特色社会主义最本质的特征，是社会主义法治最根本的保证。把党的领导贯彻到依法治国全过程和各方面，是我国社会主义法治建设的一条基本经验。第一，依法治国、建设社会主义法治国家必须坚持党的领导，符合中国历史发展的逻辑。近代以来，政党领导国家建设和发展成为人类社会发展的新特点和新的历史逻辑。中国近现代历史表明，唯有坚持马列主义、毛泽东思想的中国共产党才能拯救中国，才能建设中国，才能发展中国。因此，在全面推行依法治国、建设社会主义法治国家的当下，依然必须坚持中国共产党的领导，这符合中国历史发展的逻辑。第二，依法治国、建设社会主义法治国家必须坚持党的领导是由中国共产党的内在属性决定的。中国共产党是中国工人阶级的先锋队，它始终代表中国先进生产力的发展要求、代表中国先进文化的前进方向、代表中国最广大人民的根本利益。由此可以看出，中国共产党与人民的利益是一致的，中国共产党的内在属性从根本上决定了中国共产党能够带领人民依法治国、建设社会主义法治国家。第三，坚持党的领导也是依法治国的现实需要。一方面，党的领导为依法治国提供了正确的方向，我们建设法治国家是建设有中国特色的社会主义法治国家，要坚持有中国特色的理论、道路和制度，因此

必须坚持党的领导。另一方面,党的领导也必须依靠法治。法治的方法有利于促进中国共产党加强自身建设,进一步促进领导方式和执政方式的科学化、规范化和民主化。

(二)必须坚持人民主体地位

党的十八届四中全会决定指出,人民是依法治国的主体和力量源泉。首先,坚持人民的主体地位是中国特色社会主义法治的基础和依据。坚持人民的主体地位是指反映人民的意志,维护人民的利益,发挥人民的主人翁精神。在依法治国、建设中国特色社会主义法治国家过程中,坚持人民的主体地位具体表现为人民依法治理国家事务、管理经济、文化事业、管理社会事务。坚持人民的主体地位是人类社会发展进步的基本法则,也是依法治国、建设中国特色社会主义法治国家的必须遵循的基本法则。其次,中国特色社会主义法治是坚持人民的主体地位的重要实现方式和手段。依法治国、建设中国特色社会主义法治国家需恪守以民为本、立法为民的理念,使每一项立法都符合宪法精神,反映人民意志,得到人民的拥护,把坚持人民的主体地位贯彻到中国特色社会主义法治的制定、实施、监督和保障体系中。

(三)必须坚持法律面前人人平等

党的十八届四中全会决定指出,平等是社会主义法律的基本属性。任何组织和个人都必须尊重宪法法律权威,都必须在宪法法律范围内活动,都必须依照宪法法律行使权力或权利、履行职责或义务,都不得有超越宪法法律的特权。首先,坚持法律面前人人平等就要处理好党和法之间的关系。党的领导是中国特色社会主义法治建设的根本要求,但是作为党员特别是领导干部并没有所谓领导的特权,绝不允许以言代法、以权压法、徇私枉法。其次,要把法律面前人人平等真正落到实处,作为政府部门以及公检法等国家机关就必须坚持一切为了群众,一切依靠群众和从群众来到群众中去的群众路线,一切行为都是为人民谋利益、送方便,真正做到以人为本。

(四)依法治国与以德治国相结合

党的十八届四中全会决定指出,中国特色社会主义法治理论要求我们反对法律中心主义和法律万能论的错误。实现以德治国和依法治国相结合。首先，建设中国特色社会主义法治要从中国历史出发。如前文所述，中国是一个具有礼治和德治悠久传统的国家，在中国传统社会中的统治思想——儒家学派的代表人物孔子便主张德治，即依靠有德的君子通过教化民众来治国；在孔子之前，还有“周公制礼”。可见，传统中国的“德治”思想脱胎于“礼治”思想，但是二者对于中国人性格秉性、生活方式以及思想认识都留下了深刻的烙印，因此在此背景下推进现代法治思想必须有“德”讲“礼”。其次，推进中国特色社会主义法治必须从中国实际出发，从中国现阶段的基本国情出发，同改革开放的不断深化相适应，同社会主义核心价值观建设相一致，实现法律与道德建设的相辅相成、相得益彰。

（五）必须从中国实际出发

党的十八届四中全会决定指出，中国特色社会主义道路、理论体系、制度是全面推进依法治国的根本遵循。首先，中国特色社会主义法治建设必须从我国基本国情出发，同改革开放不断深化的现实相适应，要主动研究在当下中国具有现实意义的法治理论和实践问题。其次，中国的实际不仅仅包括中国现在的国情，还包括中国的历史文化，因此从中国实际出发建设中国特色社会主义法治还有注重吸取中国传统文化，特别是传统法治文化的精华；同时，从中国实际出发还要科学的预判中国未来发展状况，只有这样才能引导中国特色社会主义法治建设走向正确的方向。最后，强调中国特色并不是要盲目拒绝国外经验，更不能因为要体现中国特色、尊重中国实际，就可以不讲法治规矩、不按程序办事，易言之，就要借鉴国外法治有益经验，但决不照搬外国法治理念和模式。

第三章　中国共产党三农治理模式的历史演变

第一节　新中国成立以前中国共产党的三农治理模式

一、农民协会模式

农民协会是中国共产党领导的、最早的基层群众性自治组织，是党领导农民探索人民民主的最初尝试。第一个农民协会可以追溯到1922年10月25日，当时，彭湃同志在广东海丰，首先成立"赤山约农民协会"，以农民协会的形式把农民组织了起来。此后，随着北伐战争的胜利，农民协会在广东、湖南、湖北等多地遍地开花。

1927年1月4日至2月5日，毛泽东同志深入调研了湖南的农民运动，并撰写《湖南农民运动考察报告》后指出："地主权力既倒，农会便成了唯一的权力机关，真正办到了人们所谓'一切权力归农会'。连两公婆吵架的小事，也要到农民协会去解决"，[①]并指出农会是"新的乡村自治机关——农民政权的乡村自治机关"。[②] 农民协会把平时一盘散沙的农民有效地组织了起来，从政治上、经济上对地主、豪绅进行打击，甚至推翻县乡政权，农民自己来管理农村基层社会事务，

① 《毛泽东选集》(第一卷)，人民出版社1991年版，第14页。

② 《毛泽东选集》(第一卷)，人民出版社1991年版，第29页。

如办学校、调纠纷、修道路、筑塘坝等。总之,一切事情都由农民自己来处理,“农会的人不到场,便不能解决。”①

二、苏维埃模式

1927 年国民大革命失败后,中国共产党领导的中国革命逐渐走向了农村包围城市、武装夺取政权的新道路,开辟了农村革命根据地,建立了苏维埃政权②。“各革命根据地从下到上,逐步建立起乡、区、县、省各级苏维埃政权。……在政权建设的过程中,党在各革命根据地实行各级工农兵代表大会制度,吸收工农群众参加政权,让人民群众享有充分的民主权利。这种制度,体现了人民群众的利益和要求。工农兵代表大会包括乡(市)、区、县、省和全国五级。……各根据地的地方政权机关为省、县、区、乡四级。……在苏维埃政府机关内,人员比较精干,办事效率高。……据统计,1933 年秋,中央根据地所辖江西、福建、闽赣、粤赣 4 个省,共 60 个县,两级政府共有干部约 1800 人,乡级苏维埃政府仅有干部 1 万人左右。”③

苏维埃政权是真正为了贫苦农民的利益而奋斗,因此得到农民的强烈拥护。毛泽东同志指出:“因为乡苏维埃之下,执行苏维埃工作最便利的方法,是以村为单位去动员民众。依靠了村的适当划分,村的民众组织的建立,村的代表与代表主任对于全村的有力领导,乡

① 《毛泽东选集》(第一卷),人民出版社 1991 年版,第 14 页。

② 苏维埃(俄文:совет 的译音),意即“代表会议”或“会议”。1931 年 11 月 7 日,中国共产党人独立领导创建的第一个国家——中华苏维埃共和国临时中央政府在江西中央苏区成立。1934 年 10 月,中央苏区第五次反“围剿”失败,中华苏维埃中央政府随红军主力开始长征,抵达陕甘苏区后,中华苏维埃共和国变更对外名义,称“中华苏维埃中央政府西北办事处”。1935 年 12 月,中共中央政治局瓦窑堡扩大会议改国名为“中华苏维埃人民共和国”。1936 年,再度改国号为“中华苏维埃民主共和国”,对外继续沿用“中央西北办事处”的名义。1937 年 9 月 6 日,中华苏维埃民主共和国中央政府西北办事处更名为“中华民国陕甘宁边区政府”。22 日,正式结束苏维埃国家的政权形式。

③ 参见中共中央党史研究室组织编著:《60 执政中国第 1 卷》,中共党史出版社 2009 年版。

苏维埃的工作才能收到最大成就。”①

三、“三三制”模式

抗日战争时期,“三三制”是中国共产党领导下的基层政权的核心原则。“共产党把坚持抗战与实现民主统一起来,使争取新民主主义前途的主张更加深入人心。中共中央提出一套比较完整的建设新民主主义社会的基本政策,使抗日民主根据地真正成为政治民主、民族团结、经济发展、政府廉洁的社会。……抗日根据地的政权,是抗日民族统一战线性质的政权,即几个革命阶级联合起来对于汉奸和反动派的民主专政。它既与地主资产阶级专政相区别,也与工农民主专政不同。它是经过民主选举和按照严格的民主集中制建立起来的。抗日民主政权的政权结构包括立法、行政和司法机关。边区(省)、县的参议会既是民意机关,也是最高的权力机关。政府机关设边区(省)、县、乡三级,另有边区政府的派出机关专员公署和县政府的派出机关区公署。司法机关在边区设高等法院,专区设高等法院的分院,县一级设县法院。在人员组成上,实行“三三制”的原则。”②

陕甘宁边区是中国共产党领导的革命的中心根据地,对敌后各根据地的政权建设具有示范和标杆作用。“陕甘宁边区的政权机构,是按边区、县、乡三级设置的,另外设专员公署作为边区政府的派出机关,设置公署作为县政府的派出机关,乡政府下有行政村和自然村。各级政权组织的基本组织原则是民主集中制。……乡政权是边区的基层政权组织。乡参议会为乡政权的最高机关,乡参议会休会期间,乡政府委员会为乡政权最高机关。在乡一级实行议行合一的民主制度。乡参议员(后改人民代表)由选民直接选举产生,乡参议会不设议长和常驻会,只在开会时推选主席团三人(乡长为当然主席团成员)主持会议。乡参议会选举乡长、乡政府委员组成乡政府委员

① 江西省档案馆、中共江西省委党校党史教研室选编:《中央革命根据地史料选编》(下册),南昌江西人民出版社1982年版,第310页。

② 参见中共中央党史研究室组织编著:《60执政中国第1卷》,中共党史出版社2009年版。

会,执行全乡任务,并对上级政府和乡参议会负责及报告工作。乡政府下设人民仲裁、锄奸保卫、卫生教育、妇女儿童、生产建设、优待救济等组织和自卫军连长,在乡长的领导下进行工作。乡政府除乡长、文书为脱产或半脱产干部外,其他成员均不脱离生产。乡政府下设行政村,设主任一人,辖若干个自然村;自然村设村长一人,均由村民直接选举产生,均不脱产。”①

四、党的一元化领导模式

随着抗日战争的不断深入,在抗日根据地的各级政权中,出现了党政军民步调不齐、各自为政,个别党员干部对于党的领导闹独立性的情形。因此,1942 年 9 月 1 日,中共中央颁布《关于统一抗日根据地党的领导及调整各组织间关系的决定》,明确指出:“根据地的建设与民主制度的实行,要求每个根据地的领导一元化”。其中第八条还规定:“党的领导的一元化,一方面明确各级党委与同级政权组织、军队和民众团体组织之间领导与被领导的关系,另一方面明确各级党委下级服从上级、全党服从中央。”

在抗日战争进入后期,由于战争形势的严峻,加强党的一元化领导,对于调动全部力量,统一指挥军事行动,争取抗日战争的最后胜利具有非常重要的意义。在乡村要求做到“一切政治力量和社会组织包括农救会、青救会、青年团以及各民兵组织,都必须在党委的领导下开展活动。这样,以血缘宗法为基础的士绅权威被以阶级标准为基础的党组织权威所取代,党的权威直接伸入乡村社会的细胞之中。”②

① 《陕甘宁边区的政权建设》,甘肃组工网,http://www.gs.xinhuanet.com/zuzhibu/2017-01/03/c_1120235366.htm,2017 年 1 月 3 日。

② 许福海:《试论抗战时期根据地乡村治理模式的建构(1937-1945)》,《安徽文学》,2007 年第 10 期,第 230 页。

第二节　新中国成立以后中国共产党的三农治理模式

一、区－村、区－乡、乡－镇建制模式

新中国成立伊始,中国共产党领导的三农治理模式进行了一系列的有益探索。1950 年 12 月至 1951 年 4 月,中央人民政府政务院陆续颁布《区各界人民代表会议组织通则》《区人民政府及区公所组织通则》《乡(行政村)人民代表会议组织通则》《乡(行政村)人民政府组织通则》《关于人民民主政权建设工作的指示》等一系列政策法规,形成了两种农村基层政权形式:"一种是实行区、村两级政府体制,即在县以下设立区政权和村政权,分别召开区、村人民代表会议,选举产生区政府和村政府,对本地区实施行政管理。这种体制在北方地区比较普遍。……另一种是区乡建制,即在县以下设立区公所,作为县政府的派出机构,在区公所之下设立乡政权,召开乡人民代表大会,选举产生乡人民政府,而在村一级不再设立村政权。当时在南方的多数省实行这种体制。"①

1954 年 9 月 20 日,第一届全国人民代表大会第一次会议审议通过中华人民共和国第一部宪法。第一部宪法对中华人民共和国的行政区域划分作了规定,县、自治县以下的基层政权包括乡、民族乡、镇。1955 年 11 月,国务院颁发《关于城乡划分标准的规定》,进一步对镇建制及镇政权组织设置作出了规定。

二、人民公社模式

随着农业的社会主义改造不断发展,1958 年 7 月,全国第一个人民公社在河南诞生。1958 年 8 月底,毛泽东同志主持召开中共中央

① 项继权:《从"社队"到"社区":我国农村基层组织与管理体制的三次变革》,《理论学刊》,2007 年第 11 期,第 85 页。

政治局扩大会议审议通过《关于在农村建立人民公社问题的决议》。《决议》指出:“在目前形势下,建立农林牧副渔全面发展、工农商学兵互相结合的人民公社,是指导农民加速社会主义建设,提前建成社会主义并逐步过渡到共产主义所必须采取的基本方针。……人民公社将是建成社会主义和逐步向共产主义过渡的最好的组织形式,它将发展成为未来共产主义社会的基层单位。”

1958 年 12 月 10 日,中国共产党第八届中央委员会第六次全体会议通过《关于人民公社若干问题的决议》,《决议》指出:“人民公社是我国社会主义社会结构的工农商学兵相结合的基层单位,同时又是社会主义政权组织的基层单位。根据马克思列宁主义的理论和我国人民公社的初步经验,现在可以预料:人民公社将加快我国社会主义建设的速度,并且将成为我国实现下述两个过渡的最好的形式,即第一,成为我国农村由集体所有制过渡到全民所有制的最好的形式;第二,成为我国由社会主义社会过渡到共产主义社会的最好的形式。现在也可以预料,在将来的共产主义社会,人民公社将仍然是社会结构的基层单位。”

人民公社最基本的组织特征可以总结为三个方面:“一是‘集体化’。人民公社时期实行高度的集体化,农村土地等生产资料归集体所有,不允许农民私营经济的存在和发展。集体经济成为公社的经济基础,集体劳动成为公社基本的生产方式;集体生活也成为农民基本的生活方式。正因如此,农民通常将人民公社时期称为‘大集体时期’。二是‘三级制’。1962 年之后,人民公社调整并确立为公社、生产大队、生产队三级组织架构,这一体制通常被称之为‘三级所有、队为基础’。生产队成为农村基本的产权单位、生产单位和核算单位。三是‘一体化’。人民公社体制是一种组织与功能融合的体制。一方面是‘政社合一’,即国家基层政权组织与人民公社组织合为一体;另一方面是‘党政不分’,实行党的一元化领导。公社一级设党委,大队一般设党支部,生产队则设党小组。公社党委和大队支部是各自区域的领导和决策机关,一切重大事务都由党组织决定。由此形成了

‘党、政、经’不分的高度集中的组织和管理体制。”①

人民公社制度是新中国第一个完整的农村基层政权架构。但是“在人民公社体制下，农民成了不掌握任何生产资料的‘无产者’，生产积极性受到极大挫伤，基层民主政治失去了存在、发展的制度和组织基础。”②

三、村民自治模式

党的十一届三中全会，是新中国历史上具有深远意义的伟大转折。与此同时，随着经济体制改革首先在农村取得突破性进展，激发了广大农民的主动性和创造性以及行使民主权利、参与政治生活的热情。“党的十一届三中全会以后决定进行农村改革，给农民自主权，给基层自主权，这样一下子就把农民的积极性调动起来了，把基层的积极性调动起来了，面貌就改变了。”③

1981 年 6 月 27 日至 29 日，党的十一届六中全会一致通过了《关于建国以来党的若干历史问题的决议》，拨乱反正，统一了思想，明确提出：“必须根据民主集中制的原则加强各级国家机关的建设，使各级人民代表大会及其常设机构成为有权威的人民权力机关，在基层政权和基层社会生活中逐步实现人民的直接民主，特别要着重努力发展各城乡企业中劳动群众对于企业事务的民主管理。必须巩固人民民主专政，完善国家的宪法和法律并使之成为任何人都必须严格遵守的不可侵犯的力量，使社会主义法制成为维护人民权利，保障生产秩序、工作秩序、生活秩序，制裁犯罪行为，打击阶级敌人破坏活动的强大武器。”

1982 年 12 月 4 日，第五届全国人民代表大会第五次会议通过修改后的《中华人民共和国宪法》也明确规定在乡、民族乡、镇设立人民

---

① 项继权：《从“社队”到“社区”：我国农村基层组织与管理体制的三次变革》，《理论学刊》，2007 年第 11 期，第 86 页。

② 张鲲鹏、吴敏先：《建国后农村基层群众自治的实践与基层民主的发展》，《东北师大学报》（哲学社会科学版），2012 年第 3 期，第 199 页。

③ 《邓小平文选》（第三卷），人民出版社 1993 年版，第 238 页。

代表大会和人民政府。这表明乡、民族乡、镇是我国最基层的行政区域。同时也明确规定,在农村设立基层群众性自治组织,即村民委员会。村民委员会的主任、副主任和委员由居民选举。村民委员会设人民调解、治安保卫、公共卫生等委员会,办理本居住地区的公共事务和公益事业,调解民间纠纷,协助维护社会治安,并且向人民政府反映群众的意见、要求和提出建议等。

1983 年 10 月 12 日,中共中央、国务院发出《关于实行政社分开建立乡政府的通知》。《通知》指出:“当前的首要任务是把政社分开,建立乡政府,同时按乡建立乡党委,并根据生产的需要和群众的意愿逐步建立经济组织。要尽快改变党不管党、政不管政和政企不分的状况。”“村民委员会是基层群众性自治组织,应按村民居住状况设立。村民委员会要积极办理本村的公共事务和公益事业,协助乡人民政府搞好本村的行政工作和生产建设工作。村民委员会主任、副主任和委员要由村民选举产生。”

随后,全国绝大多数地方以原人民公社为基础建立乡政府,以生产大队为基础建立村民委员会,以生产队为基础建立村民小组。“到 1983 年底,全国已有 12702 个人民公社宣布解体。到 1984 年底,全国又有 39838 个人民公社摘掉牌子。到 1985 年,全国所余的 249 个人民公社自动解体,取而代之的是 79306 个乡、3144 个民族乡和 9140 个镇。同时,全国共建立了 948628 个村民委员会和 588 多万个村民组。”①至此,村民委员会的设立工作在全国范围内基本结束,村民自治制度有了组织载体。

1987 年 11 月 24 日,第六届全国人民代表大会常务委员会第二十三次会议通过了《中华人民共和国村民委员会组织法(试行)》,这是第一部确认和明确规范村民自治制度的全国性法律。各省根据本行政区域的实际情况制定了相关的村委会组织法实施办法。至此村民自治的治理模式完全代替了人民公社模式。经过十年的试行,村

① 袁金辉:《中国乡村治理 60 年:回顾与展望》,《国家行政学院学报》,2009 年第 5 期,第 70 页。

民自治模式逐渐成熟,1998 年 11 月 4 日,第九届全国人民代表大会常务委员会第五次会议修订通过了《中华人民共和国村民委员会组织法》,由此正式确立了村民自治制度的法律地位,保证了村民自治更加规范化的运作和发展。

四、三农治理的新趋势

进入 21 世纪以后,村民自治面临的宏观环境发生了一些重大变化。2004 年中央一号文件《中共中央 国务院关于促进农民增加收入若干政策的意见》提出:“应当清醒地看到,当前农业和农村发展中还存在着许多矛盾和问题,突出的是农民增收困难。……农民收入长期上不去,不仅影响农民生活水平提高,而且影响粮食生产和农产品供给;不仅制约农村经济发展,而且制约着整个国民经济增长;不仅关系农村社会进步,而且关系全面建设小康社会目标的实现;不仅是重大的经济问题,而且是重大的政治问题。”

针对中国三农事业发展中出现的新问题、新情况,党中央国务院及时出台实施政策文件,三农治理也表现出新的趋势。2004 年,中共中央办公厅、国务院办公厅发出《关于健全和完善村务公开和民主管理制度的意见》,要求“认真贯彻落实党的十六大提出的‘健全基层自治组织和民主管理制度,完善公开办事制度,保证人民群众依法直接行使民主权利,管理基层公共事务和公益事业,对干部实行民主监督’的要求,适应农村发展的新形势,进一步推进农村社会主义物质文明、政治文明、精神文明协调发展。”提出要“进一步健全村务公开制度,保障农民群众的知情权”“进一步规范民主决策机制,保障农民群众的决策权”“进一步完善民主管理制度,保障农民群众的参与权”“进一步强化村务管理的监督制约机制,保障农民群众的监督权”。2007 年,党的十七大明确地将“基层群众自治制度”与人民代表大会制度、中国共产党领导的多党合作和政治协商制度、民族区域自治制度一起,纳入了社会主义民主政治范畴。2010 年 10 月 28 日,第十一届全国人大村委会第十七次会议对《村民委员会组织法》进行了修订,对村民选举做了进一步规范,体现了基层民主制度与社会发展相适应的要求。2012 年,党的十八大进一步提出:“要健全基层党组织领导的充满活力的基层群众自治机制,以扩大有序参与、推进信息公开、加强议事协商、强化权力监督为重点,拓宽范围和途径,丰富内容和形式,保障人民享有更多更切实的民主权利。”

从 2013 年以来,中央一号文件连续四年,均在文件最后一部分单独论述三农治理问题,总体上来看,中国农村治理新的呈现出两个新的特点:一是强调加强党的领导。例如,强化党组织的领导核心作用,巩固和加强党在农村的执政基础;建立市县乡党委书记抓农村基层党建问题清单、任务清单、责任清单;做好选派“第一书记”工作;加强农村基层党组织带头人队伍和党员队伍建设,提升村干部“一定三有”[①]保障水平。二是强调依法治农。例如,要健全农村产权保护、农业市场规范运行、农业资源环境保护、农村金融保险、扶贫开发等法律法规制度;培养增强农民学法、尊法、守法、用法意识。规范和引导各级领导、涉农部门和农村基层干部依法办事、文明执法、公正司法;加大对农村地区违法犯罪、贪污腐败等打击力度。

① “一定三有”是基层党组织为了提高基层班子的凝聚力、影响力和战斗力开展的活动。“一定”是指定权责立规范;“三有”是指收入有保障、干好有希望、退后有所养。

第四章　中国三农治理面临的法律问题

第一节　三农治理面临新的法律问题

一、新的三农问题的出现

从李昌平2000年上书总理，发出“农民真苦，农村真穷，农业真危险”的呐喊，已经整整过去17年了，这17年间，中国经济发展迅猛，已经成为世界第二大经济体；中国三农事业也变化发展较大，“农民真苦，农村真穷，农业真危险”的状况已经大为改善，但是三农发展依然面临诸多问题。吴太贵(2011)指出：“我国的‘三农’问题有演变成为更复杂的‘新三农’问题的危险，即农业劣质化、农村空心化和农(村居)民丰裕型贫困化等问题。农业劣质化是指我国农业生产要素，包括农业劳动力、农业生产科学水平和农业用地呈现出质量显著下降、日益变差的趋势；农村空心化则是指我国农村地区人才流失；农(村居)民‘丰裕型贫困化’是指在中国经济快速增长的推动下，当一些(农村)地区和社会阶层经济发展、福利水平提高的同时，还有一些(农村)地区和社会阶层的贫困状况却并没有随之好转，甚至出现恶化。”[①]欧阳中球(2015)则把“新三农”问题归结为“农民分化、农业弱化、农村空心化”。“农民分化包括职业分化、收入分化、生存状态分化、利益诉求分化；农业弱化表现在农业发展中存在的土地资源整合难、农业贷款难、农村引资难、农产品安全保障难、集体经济振兴

---

① 吴太贵：《“新三农”问题：一个值得关注的新现象》，《思想政治理论教育新探索》，2011年00期，第181—193页。

难等;农村空心化是指国家虽加大农村投入,但未能有效阻止农村各种资源加速流出,资源外流主要表现为劳力外流、资金外流、公共产品外流。”①

学者们的观点实际上存在内在的一致性。首先,改革开放30多年来,中国经济整体发展迅速,因此有的农民更多地享受到了改革带来的红利,而有的农民由于个人、家庭、社会等各个层次的原因依然没有摆脱贫困,因而导致农民在经济上出现分化;同时农民工的大量出现,导致了农民在身份上的分化。其次,在三大产业发展的比较来看,农业作为第一产业与第二、第三产业相比确实存在一定的落差,农业的弱化或劣质化均说明了当前农业亟待进行产业升级与现代化改造。最后,农村空心化主要是指农村青年、优秀三农人才的大量外流。新的三农问题的出现,也带来了新的法律问题,这一切又给三农治理带来新的考验。

二、新的三农问题带来新的法律问题

(一)农民分化带来的法律问题

1. 失地农民的权益保障问题。

农民分化首先是从经济收入上看,改革开放以来大部分农民已经脱贫致富。先后有7亿农村贫困人口摆脱贫困,谱写了人类反贫困历史上的辉煌篇章。② 大量农民过上了富裕的生活,特别是改革开放前30年,农民人均纯收入增长较快,“1978—2007年期间,按照当年价计算的农民人均纯收入增长率年均为12.6%,按照不变价计算的农民人均纯收入增长率年均为7.2%”。③ 但是,中国依然存在大量的

① 欧阳中球:《新三农问题:农民分化、农业弱化、农村空心化》,《中国乡村发现》,2015年第2期,第104—109页。

② 数据来源:《中共中央　国务院关于打赢脱贫攻坚战的决定》(中发〔2015〕34号)(2015年11月29日)

③ 蔡昉、王德文、都阳:《中国农村改革与变迁——30年历程和经验分析》,格致出版社、上海人民出版社2008年版,第161页。

贫困农民。截至2015年，中国农村地区尚有7000多万贫困人口。[①]而从经验事实来看，失地农民一般都陷入贫困。

失地农民是指完全丧失原来合法拥有农地的农民。农民土地权益是农民作为农村集体成员的政治、经济、社会等权利的综合体现。[②]在中国城镇化进程中，失地农民已成为一个庞大的社会群体。据调查表明，“自20世纪90年代以来，全国因政府审批征地而导致失地农民的数量，大体在4000－5000万左右，随着现代化与城市化进程的不断深入和步伐的加快，失地农民的数字仍在成倍的增长。”[③]一般而言，农民所拥有的诸多权利和权益，都是以“土地”为载体。一旦失去了土地资源，农民也就丧失了土地使用权、承包权、收益权和经营决策权等多种权利，面临着更大的贫困风险。据国家统计局对2942户农户的调查，耕地被占用前年人均纯收入平均为2765元，耕地被占用后年人均纯收入为2739元，约下降了1%。土地被占用后收入减少的农村，大多是传统农业地区的纯农业户，他们除了农业生产活动外，基本没有其他的生产经营活动能力，耕地减少后收入自然也随之下降。[④] 另据调查表明，土地被征收的失地农民生活水平有所提高的只占10%左右，维持征收前水平的占30%左右，而60%以上的失地农民生活水平下降或者基本上没有收入来源。[⑤] 由于失地农民拿到的一次性安置补偿款较少，又无法享受城镇养老和医疗保障，因此失地农民的经济权利在很大程度上受到侵害。

目前，中国对于失地农民的权益保护方面存在诸多法律障碍。一是现行的农地产权属于国家和集体，失地农民失去的只是承包经

① 数据来源：《中共中央　国务院关于打赢脱贫攻坚战的决定》（中发〔2015〕34号）（2015年11月29日）

② 宋才发：《城市化进程中失地农民权益保护的法律探讨》，《贵州民族学院学报（哲学社会科学版）》，2010年第1期，第84页。

③ 宋才发：《城市化进程中失地农民权益保护的法律探讨》，《贵州民族学院学报（哲学社会科学版）》，2010年第1期，第84页。

④ 韩俊：《失地农民的就业和生活状况》，《中国税务报》，2005年8月17日A8版。

⑤ 刘宝亮：《征地莫断了农民的生路》，《中国经济报》，2004年2月27日A4版。

营权,因此对于农民进行农地产权保护缺乏法律基础和前提;二是现行的“《土地管理法》第47条规定征地补偿费用标准远远不足以使失地农民保持原有的生活水平,并不能真正体现土地价值和劳动力失业损失,更不用说耕地转包、抵押等权益”。[①] 三是失地农民自我申请法律救济能力欠缺,而现有的法律援助制度也未针对失地农民专门设立相应的援助机制。

2. 农民工的权益法律问题。

农民的分化其实还体现在农民身份的分化上。改革开放以来,出现了大量的农民群体。根据国家统计局发布的《2015年国民经济和社会发展统计公报》显示,2015年,全国农民工总量27747万人。[②] 农民工作为城乡二元体制下特殊群体,是随着改革开放的推进而出现的。他们是我国的工业化、城镇化和现代化建设的中坚力量,他们为城市的繁荣发展做出了巨大的贡献,然而“农民进城打工,绝大多数是边缘性的流动人口,低工资和缺乏最基本的社会福利使大部分农民工无法支付在大城市的定居成本,享受不了和城市居民一样的社会福利和保障……”[③]

有学者指出,农民工在政治权益、劳动权益、精神文化权益方面均存在缺失问题。农民工政治权益保障的缺失表现在:“首先,农民工政治参与热情不高,政治权益不易实现。……其次,农民工入党比例偏低,参与社会管理的基本权利困难重重。……第三,农民工获取政治信息和表达政治意愿的渠道不畅。”农民工劳动权益保障缺失表现在:“首先,就业权存在不平等。……其次,劳动报酬权受到侵害。……再次,农民工休息权得不到保障。……第四,职业安全卫生权难以实现。……第五,社会保障权得不到保障。”农民工精

① 岳进:《论失地农民权益的法律保护》,齐鲁法制网,http://www.qlfz365.cn/jinan/2010/6582.html,2010年3月30日。

② 《2015年国民经济和社会发展统计公报》,国家统计局网站,http://www.stats.gov.cn/tjsj/zxfb/201602/t20160229_1323991.html,2016年2月29日。

③ 张晓山、李周主编:《中国农村发展道路》,经济管理出版社2013年版,第19页。

神文化权益保障缺失表现在:"首先,农民工及其子女的受教育权利得不到有效保障。……其次,农民工缺少开展精神文化生活的场所,针对农民工的公共文化服务体制还不健全。农民工文化生活贫乏、文化消费不足、文化需求不能得到基本满足、普遍处于文化生活饥渴状态仍然是一个不争的事实;农民工的精神生活、精神抚慰和人文关怀缺失的问题也日益凸显。"①

我国现行的《劳动法》于1995年开始实施,其法条没有专门针对农民工权益保护的相关规定。其后出台的《安全生产法》《职业病防治法》《劳动合同法》《就业促进法》和《劳动争议调解仲裁法》虽然在一定程度保护了劳动者的权益,但缺乏对农民工这一特殊群体的立法倾斜,在实施过程难以发挥较大作用。直到2006年1月30日,国务院颁布《关于解决农民工问题的若干意见》,这是首份从国家层面关注农民工问题的综合性文件。因此,农民工保护的相关法律制度仍然不健全。

(二)农业弱化带来的法律问题

1. 农地保护问题。

农业弱化首先表现在农地遭到人为破坏上。虽然国家三令五申,强调我国人多地少,任何时候都要守住耕地红线,守住基本农田红线。2015年1月,李克强总理对永久基本农田划定和设施农用地管理视频会议做出重要批示强调:"我国人多地少,任何时候都要守住耕地红线,守住基本农田红线。要坚持数量与质量并重,严格划定永久基本农田,严格实行特殊保护,扎紧耕地保护的'篱笆',筑牢国家粮食安全的基石。转变农业发展方式,推进农业现代化,需要设施农业的发展,既要明确其特殊用地政策,又要严格规范用地管理,加强监测督查,对土地违法违规问题动真碰硬、重典问责。地方各级政府要切实负起主体责任,在深化农村土地制度改革、推进新型城镇化过程中,坚定不移实行最严格的耕地保护制度、最严格的节约用地制

① 魏博洋、耿平、张严冰:《城乡统筹背景下农民工权益保障的法律思考》,《农业经济》,2013年第2期,第42—43页。

度,将良田沃土、绿色田园留给子孙后代。”①

但是由于中国农业产业升级较慢,与工业、第三产业相比,作为第一产业的农业生产收益下降,有的地区农民受到短期利益驱使,开始自毁农田,将农田里的土层弄掉掏取下面的沙石卖掉。例如,据记者调查,“受利益驱使,陕西省丹凤县商镇王塬村部分村民竟在基本农田里取土卖沙。据估算至少30亩农田被毁。而一亩地的沙石能卖1.5万元左右。”②这种农田毁掉,挖沙卖钱在全国多个地方都有出现③,并出现屡禁不止的倾向,必须得到各级党和政府的高度重视。

实际上,《土地管理法》《土地管理法实施条例》《刑法》均有对破坏农地特别是耕地的相关处罚规定,例如,《土地管理法》第七十四条规定:“违反本法规定,占用耕地建窑、建坟或者擅自在耕地上建房、挖沙、采石、采矿、取土等,破坏种植条件的,或者因开发土地造成土地荒漠化、盐渍化的,由县级以上人民政府土地行政主管部门责令限期改正或者治理,可以并处罚款;构成犯罪的,依法追究刑事责任。”《土地管理法实施条例》第四十条规定:“依照《土地管理法》第七十四条的规定处以罚款的,罚款额为耕地开垦费的2倍以下。”而《刑法》甚至还设有“违法占用农地罪”。按照《刑法》第三百四十二条规定:“违反土地管理法规,非法占用耕地改作他用,数量较大,造成耕地大量毁坏的,处五年以下有期徒刑或者拘役,并处或者单处罚金。”可见,破坏农地的行为是被法律明确禁止,达到一定程度便要入罪。

---

① 李克强:《扎紧耕地保护“篱笆” 筑牢国家粮食安全基石》,国土资源部网站,http://www.mlr.gov.cn/xwdt/jrxw/201501/t20150106_1340460.htm,2015年1月6日。

② 《村民挖沙卖 毁了基本农田——丹凤国土部门调查处理》,《陕西晚报》2010年3月17日第8版。

③ 《信宜村民破坏农田挖沙取土违法违规用地》,南方网,http://mm.southcn.com/content/2015-07/20/content_128810763.htm,2015年7月20日。《灌阳新圩:农田成非法挖沙场》,桂视网,http://news.bandao.cn/news_html/201311/20131103/news_20131103_2293231.shtml,2013年11月3日。《兴平市田阜乡段家村毁百亩农田挖沙》,华商论坛,http://bbs.hsw.cn/read-htm-tid-6438030-fpage-4.html,2014年3月10日。

2. 农业污染问题。

农业弱化还表现在农业污染问题上。近年来，中国农村经济的快速发展：农业粮食产量高速增长，农产品种类丰富，极大地满足了人们的物质生活需求。然而农业现代化的发展犹如一把双刃剑，它不仅带来了农村经济的飞速发展，也使得农业生态环境却遭到了严重污染。2014 年 4 月 17 日，环境保护部和国土资源部联合发布《全国土壤污染状况调查公报》，指出“全国土壤环境状况总体不容乐观，部分地区土壤污染较重，耕地土壤环境质量堪忧，……从土地利用类型看，耕地、林地、草地土壤点位超标率分别为 19.4%、10.0%、10.4%。”

众所周知，农业污染对农产品质量安全和人体健康构成了严重威胁，同时也是与美丽中国、美丽乡村等国家生态文明建设的目标严重背道而驰。因此，2016 年 5 月 28 日，国务院印发《关于印发土壤污染防治行动计划的通知》，《计划》明确提出工作目标是：“到 2020 年，全国土壤污染加重趋势得到初步遏制，土壤环境质量总体保持稳定，农用地和建设用地土壤环境安全得到基本保障，土壤环境风险得到基本管控。到 2030 年，全国土壤环境质量稳中向好，农用地和建设用地土壤环境安全得到有效保障，土壤环境风险得到全面管控。到本世纪中叶，土壤环境质量全面改善，生态系统实现良性循环。”主要指标为“到 2020 年，受污染耕地安全利用率达到 90% 左右，污染地块安全利用率达到 90% 以上。到 2030 年，受污染耕地安全利用率达到 95% 以上，污染地块安全利用率达到 95% 以上。”

而行动计划制定之后，关键在于采取法治手段治理农地污染问题，但是如下几个方面的工作还未有效开展：一是加快推进农地污染治理的立法进程，明确农地污染责任主体、处罚措施等。二是全面开展全国农地污染状况详查工作，进一步摸清农地质量状况。三是尽快实施污染农地修复工程，建立土壤污染治理修复技术体系。四是加强农地环境监管，加强对涉重金属企业废水、废气、废渣等处理情况的监督检查，严格管控农业生产过程的农业投入品乱用、滥用问题,规范危险废物的收集、贮存、转移、运输和处理处置活动,以防止造成新的土壤污染。

（三）农村“空心化”带来的法律问题

1. 农村基层党组织涣散问题。

农村“空心化”是指随着大量相对优秀的农民进城务工、参军或者入学,剩下大量的妇女、儿童和老人留守农村的现象。其中,就有大量的农村党员干部进城务工、参军或者入学,而长期不在农村生活,因此农村“空心化”带来首要问题就是农村基层党组织涣散。张玉浦(2015)通过对鹤岗市十几个村调研后指出农村基层党的建设存在六大问题:“一是对农村党建地位作用认识不到位,二是农村党建工作落实不力,三是农村党组织负责人队伍整体能力素质不高、年龄偏大,四是村级组织保障能力不托底,五是农村党建工作制度执行不严格,六是有些村‘两委’班子不团结。”①

这一问题已经引起中央的高度重视,为此,2015 年 4 月,中共中央组织部、中央农村工作领导小组办公室、国务院扶贫开发领导小组办公室印发《关于做好选派机关优秀干部到村任第一书记工作的通知》,“第一书记”主要派往那些党组织班子配备不齐、书记长期缺职、工作处于停滞状态的,党组织书记不胜任现职、工作不在状态、严重影响班子整体战斗力的,班子不团结、内耗严重、工作不能正常开展的,组织制度形同虚设、不开展活动的,尤其是换届选举拉票贿选问题突出、宗族宗教和黑恶势力干扰渗透严重、村务财务公开和民主管理混乱、社会治安问题和信访矛盾集中的村。选派第一书记的根本目的就是为了加强农村基层组织建设、解决一些村“软、散、乱、穷”等突出问题。

值得注意的是,在中国,依法治国必须坚持党的领导。党的领导、人民当家做主和依法治国有机统一是中国特色社会主义法治的重要特点。因此,我们可以想象,在一个党组织涣散的农村,全面依

---

① 张雨浦:《推进农村基层党组织建设的思考》,《党建研究》(内参),2015 年第 4 期,第 47 页。

法治国的各项要求是很难被很好地落实执行的。

2.“恶人治村”问题[①]。

农村“空心化”问题的第二个表现就是“恶人治村”。其实，农村地区基层党组织涣散和“恶人治村”是问题的一体两面，农村中相对优秀的人才流失，导致基层党组织涣散，党组织的作用发挥不好，职责没有落实到位；必然会给农村其他势力提供活动的空间，在此背景下，农村的黑恶势力便野蛮生长起来。

有学者指出，在现今的农村，以往依赖于宗法伦理的家族村社自治格局已然瓦解，在此过程中，部分黑恶势力也找到滋长的发展空间，对基层权力形成攫夺，并以此完成对底层民众的欺凌劫夺。而法治下沉中的“边际递减效应”，又会导致法治失灵，许多村霸地痞都处在法治“无人区”。从地痞性侵到“村霸治村”频现，本质上都根植于这种现实土壤。而这在许多只剩留守老人孩子的“空心化”村庄，体现得更为明显。[②]

实际上，“恶人治村”是缺乏合法性前提的。但是这些“恶人”之所以能够披上合法的外衣，变成村支部书记、村委会主任，原因在于这些“恶人”在村民选举中往往依靠家族势力或者利用经济强势，甚至可能是利用威胁恐吓、直接伤害等非法手段而获得选票。更严重的问题还在于，这些“恶人”首先根本就缺乏政策法律水平和基本的乡村治理能力；其次，他们竞争上位的目的也根本不是为农民谋福利、带动农村发展，多半是盯上了农村集体财产而想谋取私利。因此，这些“恶人”当选后，其违法乱纪的行为时有发生，不仅严重损害了党群关系，而且侵蚀了农村社会的稳定，也削弱了党的领导职能。

① 对于什么样的人可以被称为“恶人”，要坚持历史的、全面的、辩证的观点进行认识。在实践中，不乏曾经的“恶人”经过组织改造、自我提升等渠道方式，成为治村的能人、贤人。可见，区分一位农村基层干部是“恶人”还是“贤人”，关键看他在治村过程中是为了自己的利益，还是为了村民的利益，是采取正当合法的方式治理村政，还是采取武力、胁迫等非法手段为所欲为。

② 《“村霸治村”：乡村岂能成法治洼地》，光明网，http://guancha. gmw. cn/2014 - 07/13/content_11946541. htm，2014 年 7 月 13 日。

第二节　三农治理中存在的老的法治难题

一、农民尊法学法守法用法以及依法维权意识不强

农村地区是中国法治建设的低洼地带，这是中国法治建设中存在的老问题。早在 1990 年，郑永流等(1992)对中央设在湖北省的 16 个农村固定观察点(村)进行调研时就指出："农民的法律知识水平尚处在一般了解的初步阶段，离全面了解与理解还有较大距离……法律在农民心中还未获得应有的地位，未能在农民的生活中获得现实的生命力。"①

随着中国经济社会的迅速发展，中国三农法治建设取得了一定的进步，但一些固有的问题依然顽强存在。例如，陶爱萍(2008)，通过对江苏省 19 个县区调研后，指出"当前我国农民法治意识的状况较以往确实有了很大提高，农民对法与法治逐渐了解、认同、接受、依赖和尊崇，不过还是与法治社会的要求有一定距离，其中最突出的就是农民对当前我国现实中法律评价不高，对法与法治信任不够、信心不足。"②张咸杰(2010)总结得出农民法治因素的制约因素包括"农业市场化程度，市场化程度高则会培育较强的契约精神，立法本土化程度，权力私有化程度、普法契合性程度。"③徐勇等(2014)根据调查数据分析显示："历经普法宣传和法治教育，农民逐渐养成了法律意识和法治观念，为农民有序的政治参与奠定了法治基础，农村民主法

① 郑永流等：《中国农民法律意识的现实变迁——来自湖北农村的实证研究》，《中国法学》，1992 年第 6 期，第 92—101 页。

② 陶爱萍：《对农民法治意识及其现状的再认识——来自江苏农村的实证研究》，《行政与法》，2008 年第 12 期，第 67—70 页。

③ 张咸杰：《农民法治信仰制约因素的分析》，《山西高等学校社会科学学报》，2010 年第 4 期，第 46—48 页。

治建设成效显著。目前。农民已经形成基本的法治观念,对于法律的作用和意义不存在异议,却对法律的平等性、公平性和适应性有新的期待。”①同时,农民也存在有法不用的情形,根据调查数据显示:“农民之所以不采取法律途径,除了纠纷的性质以外,对法律的认识以及使用法律维权等方面还存在一定的差距,另一方面繁琐的法律程序和薄弱的法律志愿服务等也是农民不用法的重要原因。”②郝亚光、张建国(2015)通过对全国31个省市8054户农民的实地调查,也指出农民法治观念存在的问题,包括“农民对法律缺乏了解,分不清法律和政策;部分农民漠视法律权威,对法律的权威性认识不足;部分农民对法律存在歧视,倾向于敬而远之。”③

二、涉农法律不健全,部分法律法规针对性、可操作性不强

2015年中央一号文件《中共中央、国务院关于加大改革创新力度加快农业现代化建设的若干意见》中指出:“农村是法治建设相对薄弱的领域,必须加快完善农业农村法律体系,同步推进城乡法治建设,善于运用法治思维和法治方式做好三农工作。”可见,涉农法律法规不健全一直以来都是开展三农治理面对的首要问题。有专家介绍,截至2014年10月,全国人大常委会制定的现行有效的农业法律有25部,这些法律主要是20世纪90年代以及21世纪初制定的,例如,《土地管理法》《农村土地承包法》《农民专业合作社法》《渔业法》《森林法》《种子法》等,这些法律中有很多已经不适应当前深化中国农村改革的实践要求。另外,还有一些重要法律至今尚未制定出来,如粮食法、扶贫法、农业投入法、农村金融法、农业保险法、农田水利法、土壤污染防治法、气象灾害防御法等。涉农立法依然不健全的情

① 徐勇等:《中国农民状况发展报告2014(政治卷)》,北京大学出版社2014年版,第21页。

② 徐勇等:《中国农民状况发展报告2014(政治卷)》,北京大学出版社2014年版,第75—76页。

③ 郝亚光、张建国:《多元回归分析下的中国农民法治观念现状研究——基于全国31个省市8054户农民的实地调查》,《江汉大学学报》(社会科学版),2016年第6期,第61—67页。

况已经引起中央高度重视。据介绍，目前已列入全国人大常委会立法规划、国务院立法计划的涉农立法项目有：制定粮食法、农村扶贫开发法，修改种子法、森林法和渔业法；已经启动前期准备工作的立法项目有：农村金融立法、修改农村土地承包法和农民专业合作社法等。①

长期以来，一些涉农法律还存在针对性、可操作性不强等问题。法律通常包含法律原则和法律规则，由于多种原因，现行的一些农业法律原则性和倡导性的规定多，具体的法律规则较少，可操作性不强。有关农业法律、行政法规、地方性法规的一致性问题、与农业法律相配套的行政法规、地方性法规制定问题、法律与政策的衔接问题等，也是农业立法需要解决的现实问题。②

三、农村执法、司法存在有法不依、执法不严、违法不究等现象

长期以来，中国农村地区行政执法、司法人才队伍建设相对滞后、执法和司法力量不足，工作理念相对落后，工作方式也存在一定的简单粗暴等问题。例如，艾力·买合木提（2016）总结涉农执法中存在的问题时指出："目前农村农业执法中存在诸多问题，如违法不究、执法不严等，造成这些问题的主要原因是农业执法人员和执法机构思想观念不正确，一些执法人员对农业执法的流程不甚了解，依法行政很难实现；由于农村思想观念存在问题，执法机构和很多执法人员都犯了不作为的错误。农业执法形式化，没有真正落实，以罚代管等现象严重影响了农业执法机构的形象。……目前农业执法存在执法项目多、执法人员不足的问题，执法覆盖面不够广，一些地区仍然采用定点执法的形式，没有凸显出日常巡查的重要作用。"③

① 《农业立法必须紧跟时代》，新华网，http://news.xinhuanet.com/food/2015-03/06/c_1114547097.htm，2015 年 3 月 6 日。

② 《农业立法必须紧跟时代》，新华网，http://news.xinhuanet.com/food/2015-03/06/c_1114547097.htm，2015 年 3 月 6 日。

③ 艾力·买合木提：《农业执法现状及其完善对策》，《江西农业》，2016 年第 7 期，第 99 页。

而农村地区司法存在的问题则更能体现中国农村社会整体特征，倪怀敏（2015）总结中国农村司法现状，指出五点："一是司法人员依法办案制度和司法价值认识的缺失。二是现代司法理念与传统纠纷解决理念的对峙。三是"民间法"与国家法的冲突。四是农村司法现实趋向与现代司法脱节。五是缺乏法律人才的长效引进机制和经费支持。"①具体而言，农村司法活动受到人情干扰较为严重，公正性大打折扣，权威性也受到影响；再加上现代化的司法审判成本较高、透明度不强，特别是司法审判对于一些违法性不大但是严重影响农民生活的行为（如小偷小摸、打架斗殴、寻衅滋事等轻微刑事案件）处罚力度不够，导致司法活动在农村被边缘化。

同时，一些农村基层党政机关工作人员特别是领导干部依法办事观念不强、能力不足，知法犯法、以言代法、以权压法、徇私枉法等执法司法不公现象和腐败问题依然存在；特别是一些执法司法干部在执法、司法活动中工作方式简单粗暴，对农民群众态度恶劣，造成了极坏的社会影响。这些都是中国农村地区法治建设需要长期面对的突出问题。

① 倪怀敏：《农村司法改革现状与思路》，《人民论坛》，2015 年第 32 期，第 127—128 页。

第五章　法治三农的路径分析

第一节　传统农民的特点及其职业化发展

关于法治三农路径的探索，本书创造性地提出要回到对农民本身的分析上，要以农民为主体，而不是以农民为客体；把农民作为三农治理的主体，而不是把农民当成治理对象。为此，首先必须弄清楚谁是农民、传统农民的特点以及现代农民的发展趋势。

一、传统农民的特点及其职业化

（一）谁是“农民”

谁是“农民”——这个问题看似简单实际上却很复杂。为此有必要从词源上进行深入探究。在国外，现代英语中有两个词汇指农民，一是 farmer，另一是 peasant。在探讨第一个词汇 farmer 的含义之前，有必要回顾西欧农业劳动者的演变过程。在罗马帝国晚期，罗马帝国与周边的日耳曼人和斯拉夫人长期征战，导致许多战俘成为奴隶，但由于奴隶生产效率的低下，奴隶来源的不稳定，以及地主对奴隶的残酷剥削，奴隶制趋于瓦解，隶农（又译作“科洛尼”，古拉丁文 colonus）出现。在公元 1 世纪中叶，它指那些在法律上自由，但却依附于大地主的佃户。西罗马帝国灭亡后，日耳曼人建立起诸多王国，贵族等大地产者将其领地分封给受其保护者，土地被层层分封，在从事耕作的人中，除了奴隶，其余大部分被称作农奴（serf），或被称为“依附佃农”“不自由佃农”。他们依附与租给其土地的领主，以实物货币的形式向领主交纳地租，其身份是不自由的。实际上，农奴只是一个较为普遍的非自由农耕者的统称，其在各地有不同的称谓。如在加洛林时代的法国被称为“萨赛”（chasés），在 12 世纪的英格兰被称为“维兰”（来源于法文 villani）。中世纪末至近代早期（14—16 世纪）是大规模农场的雏形——租地农场出现和兴起的阶段。这一时期，将领主或地主的土地租来用作农业畜牧业生产的租地农场主和其雇佣的雇工（现代农业工人的雏形）成为农业人口的主要成分。在这一时期的英国，租地农场主一般是富裕佃农，被称为“约曼”（yeoman），其与现代意义上的 farmer 比较接近了。18 世纪，资本主义农场出现后，西方现代意义的“农民”（farmer）这一词汇才有了现实基础。此后，farmer 是指农场主，与其他行业有相同的社会地位，他们同属公民（citizen），他们之间并无高低贵贱之分。

peasant 一词源于古法语，是古拉丁语 pagus 的派生词，意思是“异教徒、未开化者、堕落者”，因此带有强烈的贬义色彩；另外在古英语中，peasant 可作动词用，意思是“附庸、奴役”，也作名词用，意思是“流氓”“坏蛋”等。可见，在古法语、古英语和古拉丁语中，peasant 一词与“农业”本无直接关系。在俄语、波兰语等其他欧洲语言中表示农民的词汇也有类似特点。peasant 后来被用来代指“农民”，只是因为古时候卑贱者或依附者多为农业生产者，这才使 peasant 与农业、农民有了联系。可见，farmer 强调的是农民的职业意义，farmer 与“工商业者”“手工业者”的性质相同，都是指一种职业。而 peasant 突出的是农民的身份等级，是一种身份象征。

秦晖（1994）梳理国外关于“农民”概念的讨论，指出该问题有三种意见：“一是把‘农民’看作历史一切时代的个体农业生产者，二是把‘农民’看作不发达社会、宗法式社会或‘农业社会’的居民，三是马克思主义者所主张的把‘农民’定义为特定生产关系中的一个阶级。”①也有国外学者独辟蹊径研究“农民”概念，例如弗兰克·艾利思（2006）从经济学视角把农民分为追求利润型农民、风险规避型农民、

① 秦晖：《农民、农民学与农民社会的现代化》，《中国经济史研究》，1994 年第 1 期，第 132—133 页。

劳苦规避型农民、部分参与市场的农民以及分成制农民。[①]

在中国，“农”最初为农耕之意。《说文解字》：“农，耕也。”西周青铜器铭文作“”“”形，从田、辰会意，“辰”像耕种的器具。而“民”最初指奴隶。商代甲骨文作“”，西周青铜器铭文作“”，像针刺眼睛形。郭沫若在《甲骨文字研究·释臣宰》一文中考释说：“（周代彝器）作一左目形，而有刃物以刺之。……‘民’字，本像有刃物以刺人目之意，而‘民’，‘盲’每通训，则‘民’、‘盲’殆即一事。……周人初以敌为民时，乃盲其左目以为奴征也。”梁启超在《太古及三代载记·附三苗九黎蚩尤考》中也说：“因其冥昧，亦谓之民。”自注曰：“民之本义为奴虏。”用针刺瞎奴隶的眼睛，以防止其逃脱。可见，在中国古代，“农”是一种生产分工的指称，而“民”是一种身份的称谓。在春秋战国时期，随着奴隶制的瓦解，封建制开始形成，“农民”作为一个社会重要的阶级出现在历史的舞台上；“农民”泛指从事农耕劳动，务农的人。例如《谷梁传·成公元年》：“古者有四民。有士民，有商民，有农民，有工民。”范宁注：“农民，播殖耕稼者。”北齐颜之推《颜氏家训·勉学》：“人生在世，会当有业，农民则计量耕稼，商贾则讨论货贿。”与西方不同的是，在中国封建社会，农民虽仍属于被压迫阶级，但儒家的爱民思想、统治者的重农抑商制政策，在一定程度上促进了“农民”地位的提升。

国内学界对农民的界定主要有三种观点：其一是生产分工上的农民。史金宝（2012）立足于农民的群体特征和农业生产的基本属性，认为农民是从事着农业生产的人。[②] 其二是户籍制度上的农民。江湧（2000）指出，农民是一个指涉甚广的称谓，其中一种理解是泛指一切具有农村户口的人，相对应的是具有城镇户口居民。[③] 其三是阶

① ［英］弗兰克·艾利思著，胡景北译：《农民经济学：农民家庭农业和农业发展》，上海人民出版社2006年版，第71—181页。

② 史金宝：《三农的根本问题是人的问题》，《农村. 农业. 农民（A版）》，2012年第5期，第19页。

③ 江湧：《当今中国农民总体状况：一种理论解释》，《经济研究参考》，2000年第42期，第26页。

级形态上的农民。这种界定主要是从意识形态的角度对农民阶级进行深入研究。毛泽东(1925)指出,自耕农(中农)属于小资产阶级,绝大部分半自耕农、贫农属于半无产阶级,失地农民为无产阶级。① 现在的问题是,由于改革开放以来大量农民工的出现,使得中国“农民”的内涵变得更为复杂,周雪松、刘颖(2013)研究指出:“1984 年国家开始允许农民自理口粮进集镇落户,但‘农转非’的指标不能满足大量农民进城的要求,这时‘农民工’出现了,他们是农业户口但从事非农工作,农民概念变得难以界定。”②

(二)传统农民的特点

1. 传统农民的身份具有卑贱性。

毫无疑问,在历史上“农民”这个词无论在中国还是西方都不是一个褒义词。在西方,peasant 被用来代指“农民”,peasant 源于古法语,意思是“异教徒、未开化者、堕落者”,带有强烈的贬义色彩,这说明在古代西方,农业生产者多被认为是卑贱者或依附者。在古代中国,受儒家的爱民思想、统治者的重农抑商制政策影响,“农民”地位在一定程度上有所提升,但仍属于被统治阶级,依然属于“兴、亡俱苦”的百姓。

2. 传统农民的生产具有依附性。

传统农民作为农业生产者,意味着土地是农民的最基本的生产资料,在封建时代,国家往往通过税收、地租、户籍制度等手段将农民束缚在土地上,这种状况在现代社会有所好转,但是依然存在。因此,从生产力角度来讲,传统农民的生产对于土地具有严重的依附性;这种依附性还扩展到了生产关系领域,正如弗兰克·艾利思(2006)指出:“低下的社会和经济地位可以视为农民的依附性。”③

---

① 《毛泽东选集》(第一卷),人民出版社 1991 年版,第 4—8 页。

② 周雪松、刘颖:《传统农民向职业农民转化问题研究》,《第一资源》,2013 年第 2 期,第 117 页。

③ [英]弗兰克·艾利思著,胡景北译:《农民经济学:农民家庭农业和农业发展》,上海人民出版社 2006 年版,第 6 页。

3. 传统农民的生活具有维生性。

维生性意味着传统农民的生活处于自给自足的自然经济状态下，农民生产的产品很大一部分是被自己消费了（除了被国家和地主征收的部分外），因此传统农民仅仅是部分地参与了市场经济。传统农民参与市场交换主要是为了满足其基本生存的需要；如果按照消费目的分类，传统农民的消费支出主要是生存资料消费支出。市场参与程度低的维生性生活，也就导致传统农民生活水平低下、消费不丰富等。

（三）现代农民职业化发展趋势

1. 现代农民需要职业资质。

一般认为，职业化意味标准化、规范化和制度化，易言之，职业化是需要准入门槛的，不是随随便便谁都可以的。此外，职业化的目的是为了提高生产效率，因此要求职业化的对象在知识、技能、理念、态度、心理等方面均达到标准化、规范化和制度化的要求。因此，农民的职业化最基本的要求就是农民要具有现代农业发展要求的职业资质，随着涉农领域科学技术水平的不断提高，农民职业资质还呈不断提升的趋势，可见作为职业农民肯定不能再是卑贱者了。

2. 现代农民出现职业分化。

所谓职业指的是劳动者能足够从事的并赖以生活的工作。从人类社会发展的角度来看，职业是伴随着劳动的分工而产生，只有劳动分工发展到一定的阶段才使得某些工作成为一项职业。时代的进步和科学技术水平的提高使得劳动分工越来越细，行业之间相互渗透、交错，从而各种不同的职业大量涌现。可见，现代社会的职业化过程呈现出分工不断细化的发展态势。因此，农民职业化的特点意味着农民生产分工的不断细化，农民整体或者阶层不再是以农业生产者这一单一形象示人，而是至少可以分为政治领导型、生产创造型、经营管理型、科技研究型、生活服务型农民等不同“职业”的农民。由此，土地对于农民的束缚会越来越小，特别是随着现代社会在制度安排层面的进步，农民的生产对于土地等基本生产资料的依附性也会越来越低。

3. 现代农民职业发展空间广阔。

发展空间是评价一项职业优劣的核心要素，发展空间大的职业，社会评价度、认可度就高。传统农民所从事的是一项古老的职业，这项职业虽然很重要，但却被认为是低贱的，而农民职业化就是要彻底改变这种观念。因此农民职业化最终意味着为农民提供广阔的晋升、成才的空间。在工业化、信息化、城镇化、农业现代化迅猛发展的当今社会，农民接受职业教育、技能培训的机会将越来越多，农民自身的人力资本将不断得到提升，因而农民将获得稳定、有序、广阔的职业发展空间。

二、中国职业农民培育的政策措施

从2000年到2005年，全国逐步取消了农业税。农业税的废除，极大地减轻了农民种地的负担，解放了农业生产力，为农民职业化发展提供了契机。在此期间，中共中央、国务院连续在一号文件中对农民职业化发展提出相关要求，有关部门根据中央一号文件对于职业农民的培育还颁布了相应的落实政策。

2004年中央一号文件《中共中央　国务院关于促进农民增加收入若干政策的意见》，提出要“加强对农村劳动力的职业技能培训”，并指出：“这是提高农民就业能力、增强我国产业竞争力的一项重要的基础性工作……要根据市场和企业的需求，按照不同行业、不同工种对从业人员基本技能的要求，安排培训内容，实行定向培训，提高培训的针对性和适用性。”

2005年中央一号文件《中共中央　国务院关于进一步加强农村工作提高农业综合生产能力若干政策的意见》，做出“全面开展农民职业技能培训工作”的决定，并指出：“要结合农业结构调整、发展特色农业和生产实际的需要，开展针对性强、务实有效、通俗易懂的农业科技培训。农村中学也要加强农业先进实用技术教育。”2005年11月，农业部在《关于实施农村实用人才培养“百万中专生计划”的意见》中首次提出要培养职业农民。

2006年中央一号文件《中共中央　国务院关于推进社会主义新农村建设的若干意见》提出要“大规模开展农村劳动力技能培训”,并明确指出:“提高农民整体素质,培养造就有文化、懂技术、会经营的新型农民,是建设社会主义新农村的迫切需要。”

2007年中央一号文件《中共中央　国务院关于积极发展现代农业 扎实推进社会主义新农村建设的若干意见》提出要“培养新型农民,造就建设现代农业的人才队伍”,并进一步指出:“建设现代农业,最终要靠有文化、懂技术、会经营的新型农民。必须发挥农村的人力资源优势,大幅度增加人力资源开发投入,全面提高农村劳动者素质,为推进新农村建设提供强大的人才智力支持。”

2008年中央一号文件《中共中央　国务院关于切实加强农业基础建设进一步促进农业发展农民增收的若干意见》提出要“大力培养农村实用人才”,并提出:“组织实施新农村实用人才培训工程,重点培训种养业能手、科技带头人、农村经纪人和专业合作组织领办人等。……继续加大外出务工农民职业技能培训力度。”

2009年中央一号文件《中共中央　国务院关于2009年促进农业稳定发展 农民持续增收的若干意见》提出要“开展农业科技培训,培养新型农民”。

2010年中央一号文件《中共中央　国务院关于加大统筹城乡发展力度 进一步夯实农业农村发展基础的若干意见》提出:“培养农业科技领军人才。……大力培育农村经纪人。……积极开展农业生产技术和农民务工技能培训,整合培训资源,规范培训工作,增强农民科学种田和就业创业能力。”

2012年中央一号文件《中共中央　国务院关于加快推进农业科技创新持续增强农产品供给保障能力的若干意见》提出要“加强教育科技培训,全面造就新型农业农村人才队伍”,并指出:“大力培育新型职业农民,对未升学的农村高初中毕业生免费提供农业技能培训,对符合条件的农村青年务农创业和农民工返乡创业项目给予补助和贷款支持。”为此,2012年8月,农业部办公厅印发《新型职业农民培育试点工作方案》,决定在全国开展新型职业农民培育试点,探索新型职业农民培育的方法和路径,总结经验。

2013 年中央一号文件《中共中央　国务院关于加快发展现代农业进一步增强农村发展活力的若干意见》提出要“大力培育新型农民和农村实用人才,着力加强农业职业教育和职业培训”。在此基础上,2013 年 5 月,农业部办公厅印发《关于新型职业农民培育试点工作的指导意见》,对新型职业农民培育做出了具体的要求和安排,这标志着新型职业农民培育工作从政策设想进入到实践操作层面。

2014 年中央一号文件《中共中央　国务院关于全面深化农村改革加快推进农业现代化的若干意见》提出要“加大对新型职业农民和新型农业经营主体领办人的教育培训力度”。

2015 年中央一号文件《中共中央　国务院关于加大改革创新力度加快农业现代化建设的若干意见》,强调要“积极发展农业职业教育,大力培养新型职业农民”。

2016 年中央一号文件《中共中央　国务院关于落实发展新理念加快农业现代化 实现全面小康目标的若干意见》提出:“加快培育新型职业农民,将职业农民培育纳入国家教育培训发展规划,把职业农民培养成建设现代农业的主导力量。……引导有志投身现代农业建设的农村青年、返乡农民工、农技推广人员、农村大中专毕业生和退役军人等加入职业农民队伍。”随后,2016 年 10 月,国务院颁布《关于激发重点群体活力带动城乡居民增收的实施意见》,设立“新型职业农民激励计划”,提出:“在加快推进新型城镇化、有序推进农业转移人口市民化的同时,加大对新型职业农民的培育和支持力度,加快职业化进程,带动广大农民共享现代化成果。”

2017 年中央一号文件《中共中央　国务院关于深入推进农业供给侧结构性改革加快培育农业农村发展新动能的若干意见》提出:“开发农村人力资源。重点围绕新型职业农民培育、农民工职业技能提升,建立政府主导、部门协作、统筹安排、产业带动的培训机制。”这说明,大力推进农民职业化已经作为中国三农工作的重要内容并将长期贯彻落实下去。

表:2004—2017 年中央一号文件关于职业农民相关规定一览表

序号	年份	中央一号文件名称	涉及职业农民的相关规定(选摘)
1	2004	《中共中央 国务院关于促进农民增加收入若干政策的意见》	加强对农村劳动力的职业技能培训。
2	2005	《中共中央 国务院关于进一步加强农村工作提高农业综合生产能力若干政策的意见》	农村中学也要加强农业先进实用技术教育。
3	2006	《中共中央 国务院关于推进社会主义新农村建设的若干意见》	提高农民整体素质,培养造就有文化、懂技术、会经营的新型农民。
4	2007	《中共中央 国务院关于积极发展现代农业扎实推进社会主义新农村建设的若干意见》	建设现代农业,最终要靠有文化、懂技术、会经营的新型农民。
5	2008	《中共中央 国务院关于切实加强农业基础建设进一步促进农业发展农民增收的若干意见》	继续加大外出务工农民职业技能培训力度。
6	2009	《中共中央 国务院关于促进农业稳定发展农民持续增收的若干意见》	开展农业科技培训,培养新型农民。
7	2010	《中共中央 国务院关于加大统筹城乡发展力度 进一步夯实农业农村发展基础的若干意见》	积极开展农业生产技术和农民务工技能培训,整合培训资源,规范培训工作,增强农民科学种田和就业创业能力。
8	2012	《中共中央 国务院关于加快推进农业科技创新持续增强农产品供给保障能力的若干意见》	大力培育新型职业农民,对未升学的农村高、初中毕业生免费提供农业技能培训,对符合条件的农村青年务农创业和农民工返乡创业项目给予补助和贷款支持。

9	2013	《中共中央 国务院关于加快发展现代农业进一步增强农村发展活力的若干意见》	大力培育新型农民和农村实用人才，着力加强农业职业教育和职业培训。
10	2014	《中共中央 国务院关于全面深化农村改革加快推进农业现代化的若干意见》	加大对新型职业农民和新型农业经营主体领办人的教育培训力度。
11	2015	《中共中央 国务院关于加大改革创新力度加快农业现代化建设的若干意见》	积极发展农业职业教育，大力培养新型职业农民。
12	2016	《中共中央 国务院关于落实发展新理念加快农业现代化 实现全面小康目标的若干意见》	将职业农民培育纳入国家教育培训发展规划，基本形成职业农民教育培训体系，把职业农民培养成建设现代农业的主导力量。
13	2017	《中共中央 国务院关于深入推进农业供给侧结构性改革加快培育农业农村发展新动能的若干意见》	优化农业从业者结构，深入推进现代青年农场主、林场主培养计划和新型农业经营主体带头人轮训计划，探索培育农业职业经理人，培养适应现代农业发展需要的新农民。鼓励高等学校、职业院校开设乡村规划建设、乡村住宅设计等相关专业和课程，培养一批专业人才，扶持一批乡村工匠。

资料来源：根据2004—2017年中央一号文件内容整理。

第二节　促进广大农民成长为法治人才

在弄清楚传统农民的特点以及农民职业化发展趋势的基础上，应进一步探索如何促使广大农民成长为法治人才①。农民只有成长为法治人才，在法治三农的实践中，才能真正发挥主体作用，其主体地位才有可能落到实处。本书认为，促进广大农民成长为法治人才至少需要做好两方面工作：一是做好普法和法治教育，二是培养农民的法治信仰。

一、普法和法治教育

广大农民及其子女占中国人口的绝大部分，促进农民的成长和发展是基层稳定、社会和谐的重要保障。因此，加强广大农民的法治教育，使农民树立法治观念，养成自觉守法、遇事找法、解决问题靠法的思维习惯和行为方式，是全面推进依法治国、加快建设社会主义法治国家的必要途径；同时也是促进农民成长成才、全面发展，培养社会主义合格公民的客观要求。

但是长期以来，受“皇权不下乡”的传统三农治理模式、乡贤文化等诸多因素的综合影响，中国广大农民接受现代法治宣传教育机会比较少，主动加强法治方面的学习的自主性也比较低；各级政府针对广大农民的普法和法治教育缺乏整体规划，方式方法也有待创新。具体而言要从如下三个方面着手。

（一）以社会主义核心价值观为指导

社会主义核心价值观是党的十八大提出倡导的富强、民主、文明、和谐，自由、平等、公正、法治，爱国、敬业、诚信、友善等价值理念

---

① 实际上，促使农民成长为法治人才是农民职业化发展的应有之义。职业农民必然是尊法学法守法用法，具备法治信仰的新型农民。

体系,是从国家、社会、公民这三个层面深刻回答了我们要建设什么样的国家、什么样的社会,培育什么样的公民等重大问题。农民也是中华人民共和国公民,并且农民及其子女在中国更是属于多数人群体。因此,针对农民的普法和法治教育也要以社会主义核心价值观为引领,向农民宣传现代法治文明的理念和精神,积极在农村培育社会主义法治文化氛围;要培养农民自觉尊法、守法,并善于运用法律维护自身的权益。

(二)发挥农村基层党组织的战斗堡垒作用

中国共产党是我们事业的坚强领导核心,而基层党组织之于我们党,如同神经末梢之于生命机体,地基基石之于高楼大厦。有学者指出:“基层党组织与群众联系、为群众服务、对群众影响都最为直接,要认真贯彻落实中央‘严治固本’,建设坚强战斗堡垒,充分发挥‘推动发展、服务群众、凝聚人心、促进和谐’的作用。”①农村普法和法治教育工作也需要加强党的领导,特别是要重视基层党组织的战斗堡垒作用。一方面,农村基层党组织要做到与农民群众零距离,将法律知识、党的规章制度送到农民群众的“田间地头儿”“门口炕头儿”;另一方面,农村基层党组织要与农民群众常交流、多交心,主动了解农民群众的真实想法、具体困难,并依法解决问题,在此过程中普及法律知识、树立法治意识。

(三)要与党和政府开展的一系列已有的三农政策相衔接

法是治国重器,同时也是安排人民生活的具体规则。因此,开展普法和法治教育可与农民生产生活有关的三农政策的实施相衔接,例如,在科技、文化、卫生“三下乡”活动中,就可以再增加法律下乡的内容,或者干脆调整成科技、文化、卫生、法治“四下乡”活动,借鉴“三下乡”活动的成功机制以及已有的渠道送法下乡,这样可以达到事半功倍的效果。再如,还可以在针对农民的各项培训活动中增加法治教育的内容,这样的做的好处是与农民的生产生活实际相结合,更有

---

① 杨钟馗:《强化基层党组织战斗堡垒作用》,人民网,http://theory.people.com.cn/n/2014/1023/c40531-25895505.html,2014年10月23日。

利于农民活学活用,提高普法实效。

二、培养农民的法治信仰

党的十八大四中全会通过的《中共中央关于全面推进依法治国若干重大问题的决定》指出:"法律的权威源自人民的内心拥护和真诚信仰。人民权益要靠法律保障,法律权威要靠人民维护。必须弘扬社会主义法治精神,建设社会主义法治文化,增强全社会厉行法治的积极性和主动性,形成守法光荣、违法可耻的社会氛围,使全体人民都成为社会主义法治的忠实崇尚者、自觉遵守者、坚定捍卫者。"可见,要真正建成社会主义法治国家的宏伟目标,除了要加强普法和法治教育之外,还要在人民心中树立法治信仰,特别是要重视在农民心中树立法治信仰。

(一)树立法治意识

法律首先是一种规则体系,现代法治出体现秩序、正义、自由等价值规范,焕发着理性光芒、契约精神。树立法治意识意味着法律及其价值、精神等不仅仅是刻在大理石上,也不是刻在铜表上,而是铭刻在公民的内心里。可见,要使农民树立法治意识,就要引导农民从其内心深处牢固树立有权力就有责任、有权利就有义务观念;自觉运用法律思维来明辨是非、判断善恶,并进而支配、规范自身的言行举止,养成依法办事的意识和习惯;最重要的是主动借助法律维护自身的权益不受侵犯,依法维权;最终形成守法光荣、违法可耻的社会氛围。

(二)增强法治的道德文化底蕴

法律不仅是一种规则体系,还是一种意义体系。这意味着"法律是一种人世规则,经由规范和料理人事,进而服务和造福人世"。[①] 这就意味着培养人民的法治信仰、树立法治意识,不是凭空进行的;而是要与人们的日常生活交织在一起,与当地的道德、伦理、文

---

① 许章润等著:《法律信仰——中国语境及其意义》,广西师范大学出版社 2003 年版,第 2 页。

化等融为一体，只有这样才能真正为人们所接受。可见，培养农民的法治信仰和法治意识的方式方法，要注意与中国广大农村地区的传统文化、道德风范、公序良俗等相适应，把法律的约束力量、底线意识与道德教育的感化力量、提升精神紧密结合，使农民理解法治的道德文化底蕴。

（三）注重法治实践

法律的价值最终还是体现在法律的具体运行中，法治要发挥作用需要人民的法治实践活动中看到法律的权威。通过法治实践，以实际行动让人民相信法不容情、法不阿贵，只要是合理合法的诉求，就能通过正当的法律程序得到合理合法的结果。因此，培养农民的法治信仰，最后还是要充分调动农民投身到全面依法治国实践中的积极性，促使全体农民都成长为社会主义法治的忠实崇尚者、自觉遵守者、坚定的捍卫者。

第三节 建设一支德才兼备的高素质的三农法治工作队伍

一、三农法治人才队伍建设的总体要求

加强三农法治工作队伍建设，要在国家经济建设规划的总体框架内进行，要符合人才体制机制改革的要求，还要遵循全面依法治国方略。

（一）三农法治工作队伍建设要贯彻落实新的发展理念

《中华人民共和国国民经济和社会发展第十三个五年规划纲要》提出："我国发展仍处于可以大有作为的重要战略机遇期，也面临诸多矛盾叠加、风险隐患增多的严峻挑战。必须准确把握战略机遇期内涵和条件的深刻变化，增强忧患意识、责任意识，强化底线思维，尊重规律与国情，积极适应把握引领新常态，坚持中国特色社会主义政

治经济学的重要原则，坚持解放和发展社会生产力、坚持社会主义市场经济改革方向、坚持调动各方面积极性，坚定信心，迎难而上，继续集中力量办好自己的事情，着力在优化结构、增强动力、化解矛盾、补齐短板上取得突破，切实转变发展方式，提高发展质量和效益，努力跨越'中等收入陷阱'，不断开拓发展新境界。"中国经济社会发展大的环境如此，必然意味着三农法治建设方面也面临很多新的状况、新的课题和新的机遇，因此，必须有新的解决问题的思路、方法和策略。

全面推进创新、协调、绿色、开放、共享的发展理念是"十三五"规划提出的基本原则，是在"十三五"期间乃至更长时期中国发展思路、发展方向、发展着力点的集中体现，必须贯穿于"十三五"经济社会发展的各领域各环节。因此，在三农治理、三农法治工作队伍理念建设方面也必须坚持创新发展、协调发展、绿色发展、开放发展、共享发展。

（二）三农法治工作队伍建设要注重破除人才体制机制障碍

《关于深化人才发展体制机制改革的意见》提出："……坚持聚天下英才而用之，牢固树立科学人才观，深入实施人才优先发展战略，遵循社会主义市场经济规律和人才成长规律，破除束缚人才发展的思想观念和体制机制障碍，解放和增强人才活力，构建科学规范、开放包容、运行高效的人才发展治理体系，形成具有国际竞争力的人才制度优势。"可见，如何破除制约人才发展的思想障碍和制度藩篱，最大限度激发人才创新创造能力，是中国现阶段人才体制机制改革的中心任务，这就要求我们要注重打破在三农治理、三农法治队伍制度建设层面也要注意打破人才体制机制方面的障碍，释放三农人才的创新创造能力。

坚持党管人才、服务发展大局、突出市场导向、体现分类施策、扩大人才开放是《关于深化人才发展体制机制改革的意见》提出的基本原则，是中国现行人才体制机制深化改革、破除人才体制机制障碍的重要抓手。三农法治工作队伍制度建设，也要在这些原则的指导下，发挥农村基层党组织的作用，紧密围绕农村经济社会发展的现实需要，健全市场在三农法治资源配置中的决定性作用，针对三农法治领域具体问题进行改革，树立全球视野，充分开发利用国际国内的三农法治人才资源。

（三）三农法治工作队伍建设要遵循全面依法治国方略

党的十八届四中全会通过的《中共中央关于全面推进依法治国若干重大问题的决定》指出："全面推进依法治国，总目标是建设中国特色社会主义法治体系，建设社会主义法治国家。这就是，在中国共产党领导下，坚持中国特色社会主义制度，贯彻中国特色社会主义法治理论，形成完备的法律规范体系、高效的法治实施体系、严密的法治监督体系、有力的法治保障体系，形成完善的党内法规体系，坚持依法治国、依法执政、依法行政共同推进，坚持法治国家、法治政府、法治社会一体建设，实现科学立法、严格执法、公正司法、全民守法，促进国家治理体系和治理能力现代化。"这便意味着，三农法治建设是全面依法治国的重要组成部分，因此，加强三农法治工作队伍建设也必然是为这个总目标服务的。

坚持中国共产党的领导、坚持人民主体地位、坚持法律面前人人平等、坚持依法治国和以德治国相结合、坚持从中国实际出发是全面依法治国方略的基本原则，是实现国家各项工作法治化、向着建设法治中国不断前进的题中之义，同时，也是三农法治工作队伍建设的需要遵循的方法论。

二、三农法治工作队伍建设的具体要求

加强三农法治工作队伍建设，既要遵循全面依法治国方略对法治工作队伍建设的整体要求，又要符合三农法治在立法、执法、司法等专门队伍建设方面的具体要求。

（一）培养德才兼备的三农法治工作队伍

党的十八届四中全会通过的《中共中央关于全面推进依法治国若干重大问题的决定》指出："全面推进依法治国，必须大力提高法治工作队伍思想政治素质、业务工作能力、职业道德水准，着力建设一支忠于党、忠于国家、忠于人民、忠于法律的社会主义法治工作队伍，

为加快建设社会主义法治国家提供强有力的组织和人才保障。”这实际上是从“德”与“才”两个层面对法治工作队伍建设提出了具体要求；进一步分析，“德”包括思想政治道德和职业道德两个层面，“才”包括业务知识水平和实际工作能力两个层面。三农法治工作队伍建设也要坚持德才兼备的原则。

对三农法治工作队伍的思想政治道德要求，首先是要拥护党的领导，坚持社会主义核心价值观，坚持党的事业、人民利益和宪法法律至上；其次要尊重农民、关心农民、主动维护农民的利益。对三农法治工作队伍的职业道德要求，首先要自觉贯彻落实中国特色社会主义法治理念，增强走中国特色社会主义法治道路的自觉性和坚定性，坚持依法办事，杜绝徇私枉法；其次要对三农法治工作的复杂性、艰巨性、不确定性等困难有深刻认识，并积极总结经验，采取措施加以处理，杜绝互相推诿、久拖不决等损害农民利益的情形出现。

业务知识水平和实际工作能力是要求三农法治工作队伍能力要求的一体两翼，即作为三农法治工作队伍成员不仅仅要熟练掌握三农领域的法律基本业务知识，还要善于运用法治思维和法治方式处理三农事业发展中出现的各类具体的实际问题；不仅要成长为法治理论人才，还要成长为法治实践人才，在立法、执法、司法以及其他法律工作中能够熟练运用法律知识，严格按照法治程序，解决三农法律问题。

（二）建设高素质的三农法治工作专门队伍

根据法治工作的分类，三农法治工作的专门队伍也主要包括三农立法工作队伍、三农执法工作队伍、三农司法工作队伍等三支队伍。

1. 加强三农立法工作队伍建设。

党的十八届四中全会通过的《中共中央关于全面推进依法治国若干重大问题的决定》对于立法工作提出了明确要求：“法律是治国之重器，良法是善治之前提。建设中国特色社会主义法治体系，必须坚持立法先行，发挥立法的引领和推动作用，抓住提高立法质量这个关键。要恪守以民为本、立法为民理念，贯彻社会主义核心价值观，使每一项立法都符合宪法精神、反映人民意志、得到人民拥护。要把公正、公平、公开原则贯穿立法全过程，完善立法体制机制，坚持‘新立、修改、废止解释’并举，增强法律法规的及时性、系统性、针对性、有效性。”这是对立法工作提出的要求，同时也是对立法工作队伍建设包括三农立法工作队伍建设的要求。

根据以上要求，三农立法工作应针对前文所述的三农治理面临的“失地农民的权益保障”“农民工的权益保障”“农地保护”“农业污染”“农村基层党组织涣散”“恶人治村”等新的法律问题加强立法，做到有法可依；在立法过程中，三农立法工作队伍要深入农村基层一线调研这些新的法律难题，增强三农立法的针对性、可操作性；对于老的治理难题，要认真分析原因，存在法律空白或者法律滞后情形的要及时立法，及时废止、修改已不适应实际发展的法律法规等。实际上，在此过程中，三农立法工作队伍建设也便不断得到锻炼加强。除此之外，相较三农执法、司法工作队伍建设，高素质的三农立法工作队伍建设要突出重视理论建设，要着重提升三农立法人才的法律理论水平、三农问题理论水平等。

2. 加强三农执法工作队伍建设。

党的十八届四中全会通过的《中共中央关于全面推进依法治国若干重大问题的决定》对于执法工作也有明确要求：“法律的生命力在于实施，法律的权威也在于实施。各级政府必须坚持在党的领导下、在法治轨道上开展工作，创新执法体制，完善执法程序，推进综合执法，严格执法责任，建立权责统一、权威高效的依法行政体制，加快建设职能科学、权责法定、执法严明、公开公正、廉洁高效、守法诚信的法治政府。”这是对执法工作提出的要求，同时也是对执法工作队伍建设包括三农执法工作队伍建设的要求。

根据以上要求可见，执法队伍建设关键要做好权责统一，执法工作与群众接触最紧密，也最能代表党和政府的形象，因此要坚决杜绝权力任性。三农执法工作更是直接面对广大农民，但如前文所述，农村执法长期存在有法不依、执法不严、违法不究等现象，可见加强三农执法队伍建设不仅迫在眉睫，而且要长期加强建设甚至要永久加强建设。因此，高素质的三农执法队伍建设最重要的是要加强对执法工作的监督，建立健全、疏通加强对三农执法工作的党内监督、人大监督、审计监督、群众监督、舆论监督等，形成科学、全面、有效的权力运行制约和监督体系。农村地区、农业生产和农民群众虽然都属于基层、属于一线，但不是法外之地，三农执法必须依法进行，三农执法工作队伍用权必受监督、违法必须担责。

3. 加强三农司法工作队伍建设。

党的十八届四中全会通过的《中共中央关于全面推进依法治国若干重大问题的决定》对于司法工作的要求则是："公正是法治的生命线。司法公正对社会公正具有重要引领作用，司法不公对社会公正具有致命破坏作用。必须完善司法管理体制和司法权力运行机制，规范司法行为，加强对司法活动的监督，努力让人民群众在每一个司法案件中感受到公平正义。"这是对司法工作提出的要求，同时也是对司法工作队伍建设包括三农司法工作队伍建设的要求。

根据以上要求，司法公正是司法工作队伍建设包括三农司法工作队伍建设的核心要义。那么做到做好司法公正也便是高素质三农司法工作队伍建设的关键所在。针对中国农村社会尚属于"熟人社会""人情社会"等历史渊源，以及传统的生活习惯与现代法律规定还存在一定冲突的现实情况，要在三农领域做到司法公正，绝不仅仅体现为一纸合法的判决，还必须打开农民群众的"心结"，因此三农司法工作不仅仅要依法司法，还要依照农民群众普遍认同的天理人情判案，做到合理合情。这就要求三农司法工作队伍要主动密切联系农民群众、了解农民群众的诉求、体谅农民群众的疾苦，通过热情耐心服务，解决农民群众打官司难题。

结束语：全面依法治农必须抓住农村党员领导干部这个“关键少数”

中国共产党是中国特色社会主义事业的坚强领导核心，在贯彻落实全面依法治国方略中也是如此。党的十八届四中全会通过的《中共中央关于全面推进依法治国若干重大问题的决定》指出：“党政主要负责人要履行推进法治建设第一责任人职责。”“各级领导干部要对法律怀有敬畏之心，牢记法律红线不可逾越、法律底线不可触碰，带头遵守法律，带头依法办事，不得违法行使权力，更不能以言代法、以权压法、徇私枉法。”习近平总书记在2015年2月2日召开的省部级主要领导干部学习贯彻党的十八届四中全会精神全面推行依法治国专题研讨班上进一步指出：“全面依法治国，必须抓住领导干部这个‘关键少数’。这也就是我们党一直强调的，政治路线确定之后，干部就是决定因素。”

可见，党员领导干部是全面依法治国方略实施的关键一环，抓住党员领导干部这个“关键少数”，对于全面依法治国有事半功倍之效。相应地，抓住农村党员领导干部这个“关键少数”，对于全面依法治农也会产生事半功倍的效果。打铁还需自身硬，全面依法治农必须抓住农村党员领导干部这个“关键少数”。具体措施应该从如下两个方面着手：

一、农村党员领导干部要做尊法学法守法用法的典范

习近平总书记在2013年2月23日十八届中央政治局第四次集

体学习时指出:“各级领导干部要带头依法办事,带头遵守法律,对宪法和法律保持敬畏之心,牢固确立法律红线不能触碰、法律底线不能逾越的观念,不要去行使依法不该由自己行使的权力,也不要去干预依法自己不能干预的事情,更不能以言代法、以权压法、徇私枉法,做到法律面前不为私心所扰、不为人情所困、不为关系所累、不为利益所惑。”这就要求农村党员领导干部要给广大农民群众树立尊法学法守法用法的榜样,带头推进农民普法、带头尊法学法、模范守法用法,带领农民群众提升自身的法治素养、坚定对法治的内心拥护和真诚信仰,为促进广大农民群众成长为法治人才起到示范作用。

二、农村党员领导干部要带头依法办事

习近平总书记在2012年12月4日召开的首都各界纪念现行宪法公布实施30周年大会上指出:“各级党组织和党员领导干部要带头厉行法治,不断提高依法执政能力和水平,不断推进各项治国理政活动的制度化和法律化。各级领导干部要提高运用法治思维和法治方式深化改革、推动发展、化解矛盾、维护稳定能力,努力推动形成办事依法、遇事找法、解决问题用法、化解矛盾靠法的良好法治环境,在法治轨道上推动各项工作。”可见,三农领域的各级党员领导干部要学会运用法治思维和法治方式,深化三农事业改革、推动农村地区发展、化解农民之间的矛盾,维护农民的利益,在广大农村地区营造依法办事的法治环境。

总之,农村党员领导干部要做到“心中有党、心中有法、心中有农、心中有责”,努力成为党和广大农民群众信赖的好干部;而全面推进依法治农的关键便是要发挥好农村党员领导干部这个“关键少数”的带头模范作用。

参考资料

一、马克思主义著作

1.《马克思恩格斯全集》(第1卷),人民出版社1995年版。

2.《毛泽东选集》(第一卷),人民出版社1991年版。

3.《毛泽东选集》(第二卷),人民出版社1991年版。

4.《邓小平文选》(第三卷),人民出版社1993年版。

5.《江泽民文选》(第三卷),人民出版社2006年版。

6.《胡锦涛文选》(第二卷),人民出版社2016年版。

7. 习近平:《摆脱贫困》,福建人民出版社1992年版。

8. 习近平:《之江新语》,浙江人民出版社2007年版。

9. 习近平:《知之深 爱之切》,河北人民出版社2015年版。

10.《习近平谈治国理政》,人民出版社2015年版。

二、中文著作

1. [英]安德鲁·海伍德著,吴勇译:《政治学核心概念》,天津人民出版社2008年版。

2. 包俊洪、吴治平:《乡村选举中的"两票制"》,红旗出版社2004年版。

3. [英]彼得·斯坦、[英]约翰·香德著,王献平译:《西方社会的法律价值》,中国法制出版社2004年版。

4. [美]博登海默著,张智仁译:《法理学:法律哲学和方法》,上海人民出版社1992年版。

5. [美]博登海默著,邓正来译:《法理学:法律哲学与法律方法》,中国政法大学出版社2004年版。

6. 蔡昉、王德文、都阳:《中国农村改革与变迁——30年历程和经验分析》,格致出版社、上海人民出版社 2008 年版。

7. 曾宪义主编:《中国法制史》,北京大学出版社 2013 年版。

8. 陈福胜:《法治:自由与秩序的动态平衡》,法律出版社 2006 年版。

9. 陈晓枫主编:《中国法律文化研究》,河南人民出版社 1993 年版。

10. 邓红学、熊伟业主编:《中国传统文化概观》,复旦大学出版社 2011 年版。

11. 邓正来:《规则·秩序·无知——关于哈耶克自由主义的研究》,生活·读书·新知三联书店 2004 年版。

12. 刁田丁主编:《中国地方国家机构概要》,法律出版社 1982 年版。

13. [英]弗兰克·艾利思著,胡景北译:《农民经济学:农民家庭农业和农业发展》,上海人民出版社 2006 年版。

14. 费孝通:《江村经济——中国农民的生活》,商务印书馆 2007 年版。

15. 费孝通:《乡土中国》,人民出版社 2008 年版。

16. 甘雨沛:《比较刑法学大全》,北京大学出版社 1997 年版。

17. 高旭晨主编:《中国近代法律思想述论》,社会科学文献出版社 2014 年版。

18. [美]格伦顿等著,米健等译:《比较法律传统》,中国政法大学出版社 1993 年版。

19. [印度]哈斯·曼德、[印度]穆罕默德·阿斯夫编著,国际行动援助中国办公室编译:《善治:以民众为中心的治理》,知识产权出版社 2007 年版。

20. 韩延龙、常兆儒编:《中国新民主主义革命时期根据地法制文献选编》(第一卷),中国社会科学出版社 1981 年版。

21. 韩志才、陈国华主编:《法学导论》,合肥工业大学出版社 2006 年版。

22. [德]黑格尔著,范扬、张企泰译:《法律哲学原理》,商务印书馆 1996 年版。

23. 侯欣一主编:《中国法律思想史》,中国政法大学出版社 2012 年版。

24. [英]霍布斯:《利维坦》,商务印书馆 1985 年。

25. 冀明武、罗宏阳主编:《中国法制史》,吉林大学出版社 2014 年版。

26. 金太军、施从美:《乡村关系与村民自治》,广东人民出版社 2002 年版。

27. [德]卡尔·弗里德里希著,周勇译:《超验正义——宪政的宗教之维》,生活·读书·新知三联书店 1997 年版。

28. 孔令秋主编:《中国法制史》,中国铁道出版社 2014 年版。

29. 李世宇主编:《中国法律思想史》,中国民主法制出版社 2006 年版。

30. 里赞主编:《中国法制史》,清华大学出版社 2010 年版。

31. 栗劲、孔庆明、赵国斌、刘富起主编:《中国法律思想史》,黑龙江人民出版社 1983 年版。

32. 梁凤荣主编:《中国法律思想史》,郑州大学出版 2010 年版。

33. 林毅夫:《发展战略与经济发展》,北京大学出版社 2004 年版。

34. 林毅夫:《制度、技术与中国农业发展》,格致出版社、上海人民出版社 1992 年版。

35. 林英海:《毛泽东在河南》,河南人民出版社 1993 年版。

36. 刘敏、徐晓杰主编:《中国传统文化导论》,东北大学出版社 2014 年版。

37. 刘双舟主编:《中国法制史》,对外经济贸易大学出版社 2014 年版。

38. [法]卢梭著,何兆武译:《社会契约论》,商务印书馆 1980 年版。

39. [英]洛克:《政府论》(下册),商务印书馆 1981 年版。

40. 马建兴主编:《中国法制史》,湖南人民出版社 2003 年版。

41. 马克昌主编:《刑罚通论》,武汉大学出版社 1996 年版。

42. 马小红主编:《古法新论:法的古今连接》,生活·读书·新知三联书店 2014 年版。

43. [法]孟德斯鸠:《论法的精神》(上册),商务印书馆 1963 年版。

44. 人民论坛编:《大国治理——国家治理体系和治理能力现代化》,中国经济出版社 2014 年版。

45. 史彤彪、吕景胜、冯玉军主编:《中国梦与法学研究、法律实践》,武汉大学出版社 2013 年版。

46. 苏力:《法治及其本土资源》,中国政法大学出版社 1996 年版。

47. 孙国华:《法的正义逻辑》,《江淮论坛》,2012 年第 5 期。

48. [意]托马斯·阿奎那著,冯清槐译:《阿奎那政治著作选》,商务印书馆 1997 年版。

49. 王国维:《观堂集林》卷十《史林二》,中华书局 1959 年版,

50. 王伟光主编:《新大众哲学》(下卷),中国社会科学出版社、人民出版社 2014 年版。

51. 王禹:《我国村民自治研究》,北京大学出版社 2004 年版。

52. 徐勇等:《中国农民状况发展报告 2014(政治卷)》,北京大学出版社 2014 年版。

53. 许章润等:《法律信仰——中国语境及其意义》,广西师范大学出版社 2003 年版。

54. [古希腊]亚里士多德著,吴寿彭译:《政治学》,商务印书馆 1983 年版。

55. 严存生:《法律的价值》,陕西人民出版社 1991 年版。

56. 杨昌宇:《自由:法治的核心价值》,法律出版社 2006 年版。

57. 俞可平:《论国家治理现代化》,社会科学文献出版社 2014 年版。

58. 俞可平主编:《治理与善治》,社会科学文献出版社 2000 年版。

59. [美]约翰·罗尔斯:《正义论》,何怀宏等译,中国社会科学出版社 1988 年版。

60. [美]约翰·罗尔斯著,姚大志译:《作为公平的正义——正义新论》,中国社会科学出版社 2011 年版。

61. [英]约翰·密尔著,许宝骙译:《论自由》,商务印书馆 2015 年版。

62. [美]詹姆斯·N·罗西瑙主编,张胜军、刘小林译:《没有政府的治理》,江西人民出版社 2001 年版。

63. 张彩凤、常光玮主编:《中国法律思想史》,中国人民公安出版社 2012 年版。

64. 张万洪主编:《法治、政治文明与社会发展》,北京大学出版社 2013 年版。

65. 张晓山、李周主编:《中国农村发展道路》,经济管理出版社 2013 年版。

66. 赵秀玲:《村民自治通论》,中国社会科学出版社 2004 年版。

67. 卓泽渊:《法的价值论》,法律出版社 1999 年版。

三、中文论文

1. 艾力·买合木提:《农业执法现状及其完善对策》,《江西农业》,2016 年第 7 期。

2. [英]鲍勃·杰索普:《治理的兴起及其失败的风险:以经济发展为例的论述》,《国家社科科学》(中文版),1999 年第 2 期。

3. 曹宪忠:《论洛克的国家权力理论》,《文史哲》,2001 年第 6 期。

4. 曹翔:《"法律价值"含义的中西比较》,《南京社会科学》,1993 年第 2 期。

5. 杜飞进:《论法律价值观——法律价值问题再研究系列论文之二》,《学习与探索》,1994 年第 6 期。

6. 付子堂、朱林方:《中国特色社会主义法治理论的基本构成》,《法制与社会发展》,2015 年第 3 期。

7. 龚维斌:《二〇一五年社会治理的变迁和进步》,《光明日报》,

2015 年 12 月 28 日第 14 版。

8. 郭忠华:《善治:中国的思考——以社会资本理论作为研究范式》,《理论与改革》,2003 年第 2 期。

9. 韩俊:《失地农民的就业和生活状况》,《中国税务报》,2005 年 8 月 17 日 A8 版。

10. 郝亚光、张建国:《多元回归分析下的中国农民法治观念现状研究——基于全国 31 个省市 8054 户农民的实地调查》,《江汉大学学报》(社会科学版),2016 年第 6 期。

11. 贺雪峰:《论乡村治理内卷化——以河南省 K 镇调查为例》,《开放时代》,2011 年第 2 期。

12. 侯献瑞:《论古代雅典的民主政治》,《中南民族学院学报》(哲学社会科学版),1994 年第 3 期。

13. 胡锦光:《中国为什么必须依法治国》,《理论与改革》,2014 年第 6 期。

14. 胡仙芝:《从善政到善治的转变:“治理理论与中国行政改革”研讨会综述》,《中国行政管理》,2001 年第 9 期。

15. 江湧:《当今中国农民总体状况:一种理论解释》,《经济研究参考》,2000 年第 42 期。

16. 李伯超:《洛克〈政府论〉宪政思想述评》,《求索》,2005 年第 2 期。

17. 李佃来:《论马克思正义观的特指》,《中国人民大学学报》,2013 年第 1 期。

18. 李红海:《他山之玉、何以攻石?——论大宪章对中国的镜检意义》,《比较法研究》,2015 年第 6 期。

19. 李秋华:《试析柏拉图的正义论——〈理想国〉的政治哲学解读》,《江苏社会科学》,2007 年第 3 期。

20. 李石:《消极自由与积极自由辨析——对以赛亚·伯林“两种自由概念论”的分析与批评》,《云南大学学报》,2008 年第 6 期。

21. 李以所:《论善治政府的基本内涵》,《理论导刊》,2012 年第 8 期。

22. 刘爱龙:《法理学三十年之法的价值问题研究评述》,《北方法学》,2009 年第 1 期。

23. 刘宝亮:《征地莫断了农民的生路》,《中国经济报》,2004 年 2 月 27 日 A4 版。

24. 刘光显、王界凯:《法律常识问答》,《求实》,1986 年第 1 期。

25. 刘杨:《法治的概念策略》,《法学研究》,2012 年第 6 期。

26. 马作武、李平龙:《中国近代法治理论的形成及演变》,《中山大学法律评论》,2010 年第 1 期。

27. 莫纪宏:《从法律体系到法治体系》,《河南工业大学学报》(社会科学版),2015 年第 2 期。

28. 穆丽霞:《中国乡村法治之路反思》,《中国石油大学学报》(社会科学版),2008 年第 5 期。

29. 倪怀敏:《农村司法改革现状与思路》,《人民论坛》,2015 年第 32 期。

30. 欧阳中球:《新三农问题:农民分化、农业弱化、农村空心化》,《中国乡村发现》,2015 年第 2 期。

31. 祁凡骅:《国家治理现代化元年的变革逻辑解读》,《国家治理研究》,2015 年第 1 期。

32. 秦晖:《农民、农民学与农民社会的现代化》,《中国经济史研究》,1994 年第 1 期。

33. 秦杨、邹吉忠:《试论社会秩序的本质及其问题》,《西南民族大学学报》,2003 年第 7 期。

34. 邵春霞:《法治下的自由——哈耶克自由观评述》,《学术月刊》,2010 年第 5 期。

35. 石友琴:《论哈耶克法治理念及对中国法治建设的启示》,《东南大学学报》(哲学社会科学版),2007 年 S2 期。

36. 史金宝:《三农的根本问题是人的问题》,《农村 · 农业 · 农民(A 版)》,2012 年第 5 期。

37. 史彤彪:《卢梭的法律思想对法国大革命的影响》,《法学家》,2004 年第 2 期。

38. 宋才发:《城市化进程中失地农民权益保护的法律探讨》,《贵州民族学院学报》(哲学社会科学版),2010 年第 1 期。

39. 孙国华、何贝倍:《法的价值研究中的几个基本理论问题》,《法制与社会发展》,2001 年第 4 期。

40. 孙咏:《论述罗尔斯、哈贝马斯和马克思的正义观——探讨建设社会主义和谐社会价值的核心机制》,《哲学研究》,2007 年第 10 期。

41. 陶爱萍:《对农民法治意识及其现状的再认识——来自江苏农村的实证研究》,《行政与法》,2008 年第 12 期。

42. 王春光:《中国乡村治理结构的未来发展方向》,《人民论坛·学术前沿》,2015 年第 3 期。

43. 王桂艳:《正义、公正、公平辨析》,《南开学报》(哲学社会科学版),2006 年第 2 期。

44. 王乐泉:《坚持和发展中国特色社会主义法治理论》,《中国法学》,2015 年第 5 期。

45. 王利明:《法治:良法与善治》,《中国人民大学学报》,2015 年第 2 期。

46. 王浦劬:《国家治理、政府治理和社会治理的含义及其相互关系》,《国家行政学院院报》,2014 年第 3 期。

47. 王少杰:《权利的贫困与"三农"问题——给予"三农"问题的法治思考》,《西北第二民族学院学报》,2004 年第 1 期。

48. 王怡:《从"政"治到"法"治——三农治理的有效路径》,《东北农业大学学报》(社会科学版),2013 年第 4 期。

49. 魏博洋、耿平、张严冰:《城乡统筹背景下农民工权益保障的法律思考》,《农业经济》,2013 年第 2 期。

50. 温铁军等:《中国大陆的乡村建设》,《开放时代》,2003 年第 2 期。

51. 吴太贵:《"新三农"问题:一个值得关注的新现象》,《思想政治理论教育新探索》,2011 年第 00 期。

52. 武步云:《论法律价值和法律的主体性》,《法律科学》,1989

年第4期。

53. 武力、张强:《乡村社会治理结构的四次变革》,《国家治理》,2015年第14期。

54. 项继权:《20世纪晚期中国乡村治理的改革与变迁》,《浙江师范大学学报(社会科学版)》,2005年第5期。

55. 项继权:《农村社区建设:社会融合与治理转型》,《社会主义研究》,2011年第2期。

56. 谢晖:《价值法律化与法律价值化》,《法律科学》,1993年第4期。

57. 辛秋水:《村民自治与我国政治体制改革》,《福建论坛》(经济社会版),1997年第7期。

58. 徐大建:《西方公平正义思想的演变及启示》,《上海财经大学学报》,2012年第2期。

59. 严存生:《法律价值——概念的法哲学思考》,《当代法学》,1988年第3期。

60. 杨保军:《主体需要与法律价值》,《中外法学》,1991年第2期。

61. 杨宇冠:《论刑事司法制度的基本价值目标:自由与秩序》,《广东社会科学》,2012年第2期。

62. 姚大志:《善治与合法性》,《中国人民大学学报》,2015年第1期。

63. 于向阳:《我国基层群众性自治组织的历史考察》,《东岳论丛》,1984年第4期。

64. 余凯:《近代分权学说的发展:洛克、孟德斯鸠和联邦党人之比较》,《兰州学刊》,2008年第3期。

65. 俞可平:《治理和善治:一种新的政治分析框架》,《南京社会科学》,2001年第9期。

66. 詹成付:《关于深化乡镇体制改革的研究报告》,《开放时代》,2004年第2期。

67. 占茂华:《自然法观念的变迁》,华东政法大学2005年博士学位论文。

68. 张鲲鹏、吴敏先:《建国后农村基层群众自治的实践与基层民主的发展》,《东北师大学报》(哲学社会科学版),2012 年第 3 期。

69. 张铭:《孟德斯鸠政治自由思想新探》,《苏州大学学报》(哲学社会科学版),1999 年第 4 期。

70. 张咸杰:《农民法治信仰制约因素的分析》,《山西高等学校社会科学学报》,2010 年第 4 期。

71. 张雨浦:《推进农村基层党组织建设的思考》,《党建研究》(内参),2015 年第 4 期。

72. 张志铭、徐媛媛:《法治共识与法治中国》,《石河子大学学报》(哲学社会科学版),2015 年第 1 期。

73. 赵铁锁、肖光文:《中国共产党基层群众自治思想的历史考察》,《毛泽东邓小平理论研究》,2010 年第 7 期。

74. 郑永流等:《中国农民法律意识的现实变迁——来自湖北农村的实证研究》,《中国法学》,1992 年第 6 期。

75. 周旺生:《论法律的秩序价值》,《法学家》,2003 年第 5 期。

76. 周小玲:《正义从理想到现实的转化:哈贝马斯争议理论的演进》,《武汉科技大学学报》(社会科学版),2008 年第 4 期。

77. 周雪松、刘颖:《传统农民向职业农民转化问题研究》,《第一资源》,2013 年第 2 期。

四、外文资料

1. *Commission on Global Governance*, 1995, *Our Global Neighborhood*. Oxford: Oxford University Press, p. 2.

2. Edwards, Bill, et al. *Partnerships, Power, and Scale in Rural Governance. Environment and Planning C: Government and Policy*, 2001, vol. 19, No. 2, pp. 289 - 310.

3. *Good Governance: Guiding Principles for Implementation, AusAID, Australian Government Overseas Aid Programme*, August 2000; also UNDP, Reconceptualising governance, discussion Paper 2, New York. 1997, p. 9.

4. Jeffrey Sonnenfeld, *Good Governance and the Misleading Myths of Bad Metrics Academy of Management Perspectives*, Vol. 18, No. 1, February 2004, pp. 108 - 113.

5. Mark R. Thompson, *Pacific Asia after "Asian Values": Authoritarianism, Democracy, and "Good Governance" Third World Quarterly*, Vol. 25, No. 6, January 2004, pp. 1079 - 1095.

6. R. A. W. Rhodes, *The new governance: governing without government*, *Political studies*, 1996, Vol. 44, No. 4, pp. 652 - 667.

7. Roland Hodler, Axel Dreher, *Development (Paradigm) Failures (with)*, *Journal of Development Economics*, Vol. 101, 2013, pp. 63 - 74.

8. Shucksmith M. *Disintegrated Rural Development? Neo - endogenous Rural Development, Planning and Place - Shaping in Diffused Power Contexts. Sociologia Ruralis*, 2009, vol. 50, No. 1, pp. 1 - 14.

9. Smith G. *The Hollow State: Rural Governance in China. China Quarterly*, 2010, vol. 203, pp. 601 - 618.

10. *World Bank, Sub - saharan Africa: from Crisis to Sustainable Growth, Washington, DC: The World Bank*, 1989, p. 60.

五、主要参考网站

1. 中华人民共和国国务院网站,http://www.gov.cn/guowuyuan/

2. 中共中央组织部网站,http://news.12371.cn/dzybmbdj/zzb/

3. 中华人民共和国农业部网站,http://www.moa.gov.cn/

4. 中华人民共和国教育部网站,http://www.moe.gov.cn/

5. 中华人民共和国人力资源和社会保障部网站,http://www.mohrss.gov.cn/

6. 中国共青团网,http://www.ccyl.org.cn/

7. 国务院扶贫开发领导小组办公室网站,http://www.cpad.gov.cn/

8. 中华人民共和国国家统计局网站,http://www.stats.gov.cn/

9. 中国社会科学网,http://www.cssn.cn/

10. 中国社会科学院农村发展研究所网站,http://rdi.cass.cn/

11. 中国乡村发现网,http://www.zgxcfx.com/
12. 中国网,http:// www.china.com.cn/
13. 新华网,http:// www.xinhuanet.com/
14. 人民网,http:// www.people.com.cn/
15. 光明网,http://www.gmw.cn/

作者简介

孙大伟，男，1982年出生，山东烟台人，北京林业大学法学学士、哲学硕士，中国社会科学院研究生院管理学博士。主要研究领域为人才政策、三农治理和生态伦理等。目前已在《国外社会科学》《贵州社会科学》《学术论坛》《中国人才》《中国人口·资源与环境》等核心刊物以及《中国社会科学报》《中国组织人事报》《中国绿色时报》等专业报纸上发表文章十余篇；出版专著三部，合著两部；主持完成两项中国社会科学院青年科研项目，参与完成四项中国社会科学院博士后国情考察项目和一项中国社会科学院重大国情调研项目。